영어가 술술 나오는
만능패턴 100

영어가 술술 나오는
만능패턴 100

세리나 황 지음

교보문고

머리말

⟨⟨⟨⟨⟨⟨

지난 20여 년간 영어를 가르치면서 발견한 성인 학습자의 특징이 있습니다. 대부분이 체념으로 시작한다는 점입니다. "나는 나이가 너무 많다", "혀가 굳었다", "공부를 안 한 지 너무 오래되어 머리가 잘 안 돌아간다", "아이들은 쉽게 배우던데 어른은 힘들다"고들 말하죠. 영어를 잘한다고 뽐내고 칭찬을 듣고 싶어 하는 욕구는 있는데, 이런 부정적인 마음으로 공부하다 보니 즐겁지 않고 틀리는 것에 대한 부담만 가득해 입이 잘 떨어지지 않습니다. 완벽주의자의 딜레마를 보는 듯하죠.

하지만 사실 한국 사람들은 자기 생각보다 문법이나 단어를 꽤 많이 알고 있습니다. 단지 그걸 어떻게 써야 하는지 모를 뿐이죠. 마치 구슬서 말이 있는데, 보배가 되기 위해서 꿰어지기를 기다리고 있는 듯한 느낌입니다. 저는 오랜 시간, 많은 시행착오 끝에 그 구슬들을 꿰는 방법으로 '패턴'을 사용하는 것이 가장 효과적이라는 사실을 깨달았습니다. 그래서 EBS TV의 〈세리나의 누구나 톡톡〉이라는 프로그램을 '패턴 영어' 콘셉트로 진행했고, 뜨거운 호응을 통해 그 효과를 검증할 수 있었습니다.

이 책은 네이티브가 초등학교 때까지 배우고 일상생활에서 매일 사용하는 패턴들로 구성되어 있습니다. 말을 할 때 맨땅에 헤딩하듯이 단어부터 시작하지 말고 패턴을 사용한다면 이미 반은 성공한 것입니다. 패턴만 말해도 네이티브는 여러분이 말하고자 하는 바를 반은 알아들을 테니까요. 나머지 반은 여러분이 알고 있는 단어와 표현을 활용해 얼마든지 다양하게 만들어낼 수 있습니다.

여러분은 이제 시험을 위한 영어가 아닌 소통을 위한 생활 영어의 세계로 오셨습니다. 틀리는 것을 두려워하지 마세요. 감점은 없습니다. 완벽하지 않아도 괜찮습니다. 창의력과 상상력을 마음껏 발휘해보세요. 책에 나와 있는 예문들만 보고 끝내지 말고 패턴에 알고 있는 단어들을 넣어 자기가 하고 싶은 말을 직접 만들어보세요. 이 책을 통해서 영어를 공부의 대상이 아닌 소통과 대화의 첫걸음으로, 나에게 더 큰 세상을 연결해주는 즐거움으로 대할 수 있기를 바랍니다.

세리나 황

이 책의 구성과 특징

1. 패턴

네이티브가 초등학교 때까지 외우는
필수 기초패턴 100가지를 엄선해
정확한 뜻과 함께 알려줘요.

2. 네이티브 발음 음성 파일

그날 공부할 패턴과 예문, 대화까지 네이티브의 음성
으로 들어볼 수 있도록 QR 코드를 제공해요.

(MP3 무료 다운로드)

https://blog.naver.com/kbpublishing

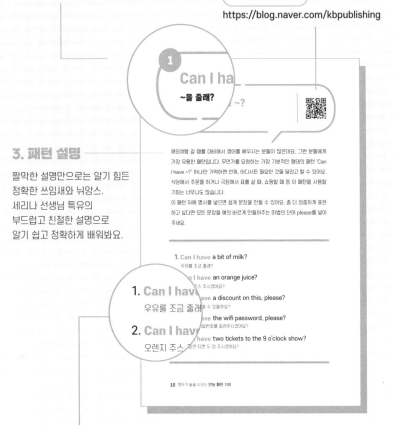

3. 패턴 설명

짤막한 설명만으로는 알기 힘든
정확한 쓰임새와 뉘앙스.
세리나 선생님 특유의
부드럽고 친절한 설명으로
알기 쉽고 정확하게 배워봐요.

해외여행 갈 때를 대비해서 영어를 배우시는 분들이 많은데요. 그런 분들에게
가장 유용한 패턴입니다. 무언가를 요청하는 가장 기본적인 형태의 패턴 'Can
I have ~?' 하나만 기억하면 언제, 어디서든 필요한 것을 달라고 할 수 있어요.
식당에서 주문을 하거나 극장에서 표를 살 때, 쇼핑할 때 등 이 패턴을 사용할
기회는 너무나도 많습니다.
이 패턴 뒤에 명사를 넣으면 쉽게 문장을 만들 수 있어요. 좀 더 정중하게 표현
하고 싶다면 모든 문장을 예의 바르게 만들어주는 마법의 단어 please를 넣어
주세요.

1. **Can I have** a bit of milk?
   우유를 조금 줄래?

2. **Can I have** an orange juice?
   오렌지 주스 주시겠어요?

3. **Can I have** a discount on this, please?
   이거 할인 받을 수 있을까요?

4. **Can I have** the wifi password, please?
   와이파이 비밀번호를 알려주시겠어요?

5. **Can I have** two tickets to the 9 o'clock show?
   9시 공연 티켓 두 장 주시겠어요?

10 영어가 술술 나오는 만능패턴 100

1. Can I have
우유를 조금 줄래?

2. Can I have
오렌지 주스

4. 예문

네이티브가 실생활에서 많이 쓰는 예문들을 통해
패턴의 다양한 활용법을 알아봐요.

5. 대화

실제 대화에서 이 패턴이
어떻게 쓰이는지 직접 보고 따라 하면서
실전 감각을 익혀요.

6. Tip

함께 알아두면 좋은 내용과
조금 더 깊이 있는 설명을 들어보아요.

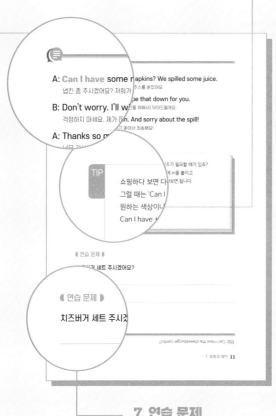

A: **Can I have** some napkins? We spilled some juice.
냅킨 좀 주시겠어요? 저희가 ~스를 쏟았어요

B: Don't worry. I'll w~ pe that down for you.
걱정하지 마세요. 제가 (5n. And sorry about the spill!
~고 쏟아서 죄송해요!

A: Thanks so ~

TIP
쇼핑하다 보면 다~
그럴 때는 'Can I
원하는 색상이니
Can I have +

《 연습 문제 》

~ 세트 주시겠어요?

《 연습 문제 》

치즈버거 세트 주시겠

정답: Can I have the cheeseburger combo?

1. 요청과 제안 **11**

7. 연습 문제

보기만 해서는 부족해요.
문장을 직접 만들어보면서 패턴을 완벽하게 마스터해요!

* 정답은 아래에 거꾸로 쓰여 있어요.

- 차례

1

요청과
제안

Can I have ~?

~을 줄래?

해외여행 갈 때를 대비해서 영어를 배우시는 분들이 많은데요, 그런 분들에게 가장 유용한 패턴입니다. 무언가를 요청하는 가장 기본적인 형태의 패턴 'Can I have ~?' 하나만 기억하면 언제, 어디서든 필요한 것을 달라고 할 수 있어요. 식당에서 주문을 하거나 극장에서 표를 살 때, 쇼핑할 때 등 이 패턴을 사용할 기회는 너무나도 많습니다.

이 패턴 뒤에 명사를 넣으면 쉽게 문장을 만들 수 있어요. 좀 더 정중하게 표현하고 싶다면 모든 문장을 예의 바르게 만들어주는 마법의 단어 please를 넣어주세요.

---

1. **Can I have** a bit of milk?
   우유를 조금 줄래?

2. **Can I have** an orange juice?
   오렌지 주스 주시겠어요?

3. **Can I have** a discount on this, please?
   이거 할인받을 수 있을까요?

4. **Can I have** the wifi password, please?
   와이파이 비밀번호를 알려주시겠어요?

5. **Can I have** two tickets to the 9 o'clock show?
   9시 공연 티켓 두 장 주시겠어요?

A: **Can I have** some napkins? We spilled some juice.

냅킨 좀 주시겠어요? 저희가 주스를 쏟았어요.

B: Don't worry. I'll wipe that down for you.

걱정하지 마세요. 제가 (당신을 위해서) 닦아드릴게요.

A: Thanks so much. And sorry about the spill!

너무 감사해요. 그리고 쏟아서 죄송해요!

TIP

쇼핑하다 보면 다른 색상이나 사이즈가 필요할 때가 있죠?
그럴 때는 'Can I have ~?' 패턴 뒤에 in을 붙이고
원하는 색상이나 사이즈를 넣어 물어보면 됩니다.
Can I have + this in 색상/사이즈?

Can I have this in large?
이거 큰 사이즈로 주시겠어요?

◀ 연습 문제 ▶

치즈버거 세트 주시겠어요?

_____

_____

2

Is it okay if ~?
~해도 괜찮아?

허락을 받거나 승인을 요청할 때 사용하는 패턴입니다. 직접 물어보지 않고 살짝 돌려서 한번 떠보는 듯한 느낌이죠. 저희 딸이 많이 쓰는 패턴인데요, 앞에서 배운 패턴 'Can I have ~?'를 사용해서 "Can I have some dessert(디저트 먹어도 돼요)?"라고 대놓고 물어보는 것보다 "Is it okay if I have some dessert, Mommy(디저트 좀 먹어도 괜찮을까요, 엄마)?" 하고 최대한 귀여운 표정으로 물어보면 디저트를 먹을 수 있는 확률이 올라간다는 걸 깨달은 거죠. 참고로 여기서 it은 의미가 없는 가주어이니 해석하지 않아도 됩니다.
이 패턴 다음에 주어 + 동사를 넣어서 문장을 만들 수 있어요.

1. **Is it okay if** we tag along?
   우리가 따라가도 괜찮아?

2. **Is it okay if** I leave a bit earlier?
   내가 조금 더 일찍 가도 괜찮을까?

3. **Is it okay if** I let you know by Wednesday?
   내가 수요일까지 알려줘도 될까?

4. **Is it okay if** we pay you the rest later?
   잔금은 나중에 지불해도 될까요?

5. **Is it okay if** she drops by the office tomorrow?
   그녀가 내일 사무실에 들러도 괜찮을까?

A: Hey, so what time do you want to have lunch tomorrow?

안녕, 그럼 내일 점심은 몇 시에 먹을까?

B: **Is it okay if** we have a late lunch? My meeting might run late.

점심을 늦게 먹어도 괜찮을까? 회의가 길어질 수 있거든.

A: Yeah, it shouldn't be a problem. How's 2 o'clock?

그래, 문제 될 거 없어. 2시 어때?

> TIP
>
> 거의 모든 상황에서 이 패턴을 사용할 수 있지만
> 좀 더 정중하게 표현하고 싶다면
> 'Would it be okay if ~?'라는 패턴을 사용해보세요.
>
> **Would it be okay if I use the bathroom?**
> 제가 화장실을 사용해도 괜찮을까요?

◀ 연습 문제 ▶

내가 다른 시간에 전화해도 될까?

_____

_____

3

Let me know ~
~을 알려줘

이 패턴은 상대방이 지금은 모르지만 앞으로 알게 될 정보를 알고 싶을 때 사용합니다. 언뜻 'tell me ~'와 비슷해 보이지만 'tell me ~'는 상대방이 이미 알고 있는 정보를 요청할 때 사용하는 반면, 'let me know ~'는 '네가 알게 되면 나에게도 알려줘'란 의미가 강합니다.

네이티브는 이 표현을 사용할 때 세 단어를 묶어서 한 단어처럼 말하는 경향이 있어요. 래퍼들이 check it out을 "체킷아웃"이라고 발음하듯이 let me know 는 "렛미노우"라고 발음하는 걸 추천합니다.

1. **Let me know** if you can *make it.
   네가 올 수 있는지 알려줘.

2. **Let me know** if your family is coming.
   너의 가족이 오는지 알려줘.

3. **Let me know** where you want to go shopping.
   쇼핑을 어디로 가고 싶은지 알려줘.

4. **Let me know** what I can do to help.
   내가 무엇을 도울 수 있는지 알려줘.

5. **Let me know** when you find out.
   네가 알게 되면 알려줘.

* make it: 가다, 참석하다

A: Is Chloe coming tomorrow?

내일 클로이가 오나요?

B: She hasn't gotten back to me yet. I'll message her today.

아직 저에게 답변이 없었어요. 오늘 문자 보내도록 할게요.

A: **Let me know** what she says.

그녀의 답변을 알려주세요.

> TIP
>
> 이 패턴은 명령문이기 때문에 낯선 사람에게 말할 때나 공식적인 상황에서는 질문 형식으로 살짝 바꿔서 사용하는 게 좋아요.
>
> Can you let me know when we can go by?
> 우리가 언제까지 갈 수 있는지 알려주실 수 있나요?

◀ 연습 문제 ▶

오늘 저녁에 누가 오는지 알려줘.

4

I was wondering if ~

~인지 궁금해

wonder는 '궁금하다', '궁금해하다'라는 뜻이에요. 네이티브는 어려운 부탁을 할 때 직접 물어보기보다는 이렇게 돌려서 물어보기를 좋아해요. '~을 해줄 수 있어?'라는 의미가 담긴 것, 즉 도움을 요청하거나 부탁을 하거나 허락을 받을 때 등에 사용하기 좋은 패턴이에요. "Can I borrow some money?"는 아주 직접적인 표현이죠. 이와 달리 "I was wondering if I could borrow some money."는 '있잖아… 부탁이 있는데, 너에게 돈을 좀 빌릴 수 있을지 궁금해'라고 조심스럽게 물어보는 느낌이에요. 상대방이 거절한다고 해도 서로 어색하지 않게 대화를 마무리할 수 있어요.

1. **I was wondering if** I could ask you for a favor.
   (내가) 부탁을 하나 해도 될지 궁금해.

2. **I was wondering if** we could ask you a question.
   (우리가) 질문을 하나 해도 될지 궁금해.

3. **I was wondering if** I could *pick your brain.
   네가 알고 있는 정보들이 궁금해.

4. **I was wondering if** Aiden could give me some financial advice.
   에이든이 나에게 재정적인 조언을 해줄 수 있는지 궁금해.

5. **I was wondering if** you know whose bag this is.
   이 가방이 누구 것인지 아는지 궁금해.

* pick your brain: 네가 알고 있는 정보를 나에게도 알려줘

A: Hi. How may I help you?

안녕하세요. 어떻게 도와드릴까요?

B: Hi there. I was wondering if someone could help me with my bags.

안녕하세요. 누군가 제 가방 옮기는 것을 도와주실 수 있는지 궁금해서요.

A: Certainly. We'll send someone over to help you with your luggage.

물론이지요. 수하물 운반을 도와드릴 사람을 보내드릴게요.

> **TIP**
>
> 'I was wondering + 명사절'을 사용하면 우회적으로 정보를 물어보는 문장이 돼요. '~에 관해서 알려줘'를 돌려서 묻는 거죠. 다음의 두 문장은 같은 의미예요.
>
> · I was wondering what you're doing tonight.
>   오늘 밤에 네가 뭐 하는지 궁금해.
> · What are you doing tonight?
>   오늘 밤에 뭐 할 거야?

◀ 연습 문제 ▶

제가 당신을 참고인(신원보증인)으로 넣어도 될지 궁금해요.

정답: I was wondering if I could use you as a reference.

I'd like ~
~ 주세요

'무언가를 원하다'를 영어로 말해보라고 하면 보통 want라는 단어가 바로 생각나죠? 하지만 want는 일상 대화에서 사용하기에는 너무 강하게 요청하는 느낌이 있어요. 한국어에서도 '~을 원해요'보다는 '~을 주세요' 또는 '~하고 싶어요'라는 표현을 많이 쓰잖아요. 그럴 때는 I'd like를 써서 표현하는 게 좋아요. 여행 중에 무언가를 주문하거나 예약을 할 때 사용하면 딱 좋은 패턴이니 꼭 기억해두세요. 이 패턴은 크게 두 가지 형태로 사용할 수 있는데 'I'd like + 명사'로 쓰면 '(명사)를 주세요'라는 의미가 되고, 'I'd like to + 동사'로 사용하면 '(동사)를 하고 싶어요'라는 의미가 됩니다.

1. **I'd like** a peppermint tea.
   페퍼민트 차 주세요.

2. **I'd like** a *garden salad, please.
   가든 샐러드로 부탁해요.

3. **I'd like** two tickets to the 7 o'clock show.
   7시 공연 표 두 장 주세요.

4. **I'd like** to speak to the manager, please.
   매니저와 이야기하고 싶어요.

5. **I'd like** to book an appointment for tomorrow morning.
   내일 아침 예약을 잡고 싶어요.

*garden salad : 상추 종류의 채소가 많이 들어간 샐러드

A: Hi, what can I get you?

안녕하세요, 무엇을 드릴까요?

B: I'd like an iced vanilla latte with less ice.

아이스 바닐라 라테에 얼음 조금만 넣어주세요.

A: Sure. What size would you like?

네, 알겠습니다. 어떤 사이즈로 드릴까요?

TIP

상대방의 의견을 물어보는 대표적인 패턴이 두 가지 있는데요,
차이점을 잘 알아둬야 해요.
'Would you like(~하시겠어요?)'와
'Do you like(~을 좋아하세요)?'가 그것인데요,
첫 단어만 다를 뿐이지만, 문장의 의미는 완전히 달라집니다.

◀ 연습 문제 ▶

수건 좀 더 부탁해요.

정답: I'd like more towels, please.

6

Can you help me ~?
내가 ~하는 것 도와줄래?

캐주얼하게 도움을 요청하는 패턴이지만, 단어 하나만 바꾸면 존댓말 느낌이 확 살아나게 할 수 있어요. '제가 ~하는 것을 도와주시겠어요?' 하는 느낌으로요. 바로 can을 could로 바꾸기만 하면 되는데요, 대부분 can을 사용해서 'Can you help me ~?'라고 도움을 요청할 수 있지만, 높은 분이나 잘 모르는 사람에게는 'Could you help me ~?'를 사용해서 좀 더 정중하게 도움을 요청하는 게 좋아요. 친구에게는 "Can you help me open this door(이 문을 열어줄래)?"라고 할 수 있지만, 잘 모르는 사람에게는 "Could you help me open this door(이 문을 열어주시겠어요)?"라고 해야 하는 거죠.

---

1. **Can you help me** log in?
   로그인하는 것 도와줄래?

2. **Can you help me** with this?
   이것 좀 도와줄래?

3. **Can you help me** with something?
   부탁이 있는데, 뭐 좀 도와줄래?

4. **Can you help me** fill out this form?
   이 양식 작성하는 것 도와줄래?

5. **Can you help me** find this place?
   이 장소 찾는 것 도와줄래?

A: **Can you help me** find my phone?

내 핸드폰 찾는 것 도와줄래?

B: Do you want me to call it?

전화해볼까?

A: Yeah, that'd be great. Ugh, I hope it's not on silent…

응, 그래 주면 좋겠어. 아이고, 무음으로 되어 있으면 안 되는데….

◀ 연습 문제 ▶

색상 고르는 것 좀 도와줄래?

정답: Can you help me choose a color?

7 I'm having trouble ~

~하는 데 어려움을 겪고 있다

만약 누군가가 여러분에게 이 패턴을 사용한다면 무슨 의도일지 잘 생각해보세요. 네이티브는 이 표현을 사용해서 도와달라는 말을 우회적으로 하는 경우가 많아요. '~하는 것 도와줄래?'라고 하는 대신 '~하는 데 어려움을 겪고 있어'라고 툭 던지는 것이지요. 그럼 적극적인 상대방은 "어떤 건데? 내가 도와줄까?"라고 되물어 본답니다.

이 패턴을 사용하는 방법에는 두 가지가 있어요.

1) I'm having trouble with + 명사

2) I'm having trouble + 동사ing

---

1. **I'm having trouble** with my phone.
   전화기 때문에 어려움을 겪고 있어.

2. **I'm having trouble** with this question.
   나는 이 질문에 어려움을 겪고 있어.

3. **I'm having trouble** falling asleep.
   나는 잠이 드는 데 어려움을 겪고 있어.

4. **I'm having trouble** deciding what to order.
   나는 무엇을 주문할지 결정하는 데 어려움을 겪고 있어.

5. **I'm having trouble** installing this program.
   나는 이 프로그램을 설치하는 데 어려움을 겪고 있어.

A: Hi, how can I help you?

안녕하세요. 어떻게 도와드릴까요?

B: **I'm having trouble** opening the safe in my hotel room.

제 호텔방 금고를 여는 데 어려움을 겪고 있어요.

A: I can certainly help you with that.

그건 제가 당연히 도와드려야죠.

◀ 연습 문제 ▶

나는 비밀번호를 재설정하는 데 어려움을 겪고 있어.

_____

_____

정답: I'm having trouble resetting the password.

8

Can I borrow ~?

~을 빌릴 수 있을까?

영어에서 '빌리다'라는 표현을 할 때는 borrow와 lend, 이 두 단어를 사용할 수 있는데요, 단어 선택에 주의해야 해요. borrow는 '빌리다', lend는 '빌려주다'로 생각하면 됩니다. borrow는 'Can I borrow ~?' 패턴에 넣어 '내가 너에게 ~을 빌릴 수 있을까?'라는 의미로 사용하고, lend는 'Can you lend me ~?' 패턴에 넣어 '네가 나에게 ~을 빌려줄 수 있을까?'라는 의미로 씁니다.

무언가를 빌릴 일이 있다면 좀 더 간단한 형태의 패턴인 'Can I borrow ~?'를 추천합니다. 문장 마지막에 필요한 물건만 넣으면 되니까요. 반면 'Can you lend me ~?'의 경우에는 me 자리에 누구에게 빌려줄 것인지 대상을 명시해주어야 해서 좀 더 어렵게 느껴질 수 있어요.

1. **Can I borrow** your phone?
   내가 네 전화기를 빌릴 수 있을까?

2. **Can I borrow** a pen?
   내가 펜을 빌릴 수 있을까?

3. **Can I borrow** this book until next week?
   내가 이 책을 다음 주까지 빌릴 수 있을까?

4. **Can I borrow** your camera tomorrow?
   내가 내일 네 카메라를 빌릴 수 있을까?

5. **Can I borrow** an umbrella if you have one?
   네가 만약 우산을 가지고 있다면 내가 빌릴 수 있을까?

A: I was wondering if I could ask you for a favor.

내가 너에게 부탁을 할 수 있는지 궁금했어.

B: Yeah, what is it?

그래, 어떤 건데?

A: Can I borrow about 20 bucks? I left my wallet at home.

한 20달러 정도 빌릴 수 있을까? 집에 지갑을 두고 왔어.

> TIP
>
> borrow와 lend는 서로 상반되는 의미를 지녔지만,
> 사실 같은 의미의 문장 안에서 자주 사용돼요.
>
> · Can I borrow your hat?
>   내가 네 모자를 빌릴 수 있을까?
> · Can you lend me your hat?
>   네 모자를 나에게 빌려줄 수 있을까?

◀ 연습 문제 ▶

내가 네 자전거를 오늘 하루 빌릴 수 있을까?

_____

_____

정답: Can I borrow your bike for the day?

9

I'm looking for ~

~을 찾고 있어요

무언가를 찾고 있는데 잘 안 돼서 다른 사람의 도움이 필요하다면 'I'm looking for ~' 패턴을 사용해보세요. 직역하면 '저는 ~을 찾고 있어요'이지만, 사실 '~을 찾게 도와주세요'란 의미를 내포하고 있어요.

'I'm looking for + 명사' 형태로 써서 "I'm looking for a gas station(주유소를 찾고 있어요)."이라고 할 수 있어요. 보통은 이렇게 말하면 상대방이 도움을 주려고 할 거예요. 하지만 가끔 눈치가 없는 분들을 위해 좀 더 직접적으로 물어볼 수도 있습니다. 예) Hi, I'm looking for sunglasses. Do you know where I can find them(안녕하세요, 선글라스를 찾고 있는데요. 제가 어디서 찾을 수 있는지 알려주시겠어요)?

1. **I'm looking for** ketchup.
   케첩을 찾고 있어요.

2. **I'm looking for** a graphic designer.
   그래픽 디자이너를 찾고 있어요.

3. **I'm looking for** a quiet place to study.
   공부할 만한 조용한 곳을 찾고 있어요.

4. **I'm looking for** a language exchange partner.
   언어 교환 파트너를 찾고 있어요.

5. **I'm looking for** a good movie to watch tonight.
   오늘 밤에 볼 좋은 영화를 찾고 있어요.

A: **I'm looking for** a good book to read.

  Any recommendations?

읽을 만한 좋은 책을 찾고 있어요. 추천해줄 만한 게 있나요?

B: Do you like fiction or non-fiction?

소설이 좋으세요, 아니면 논픽션이 좋으세요?

A: I prefer non-fiction. I love books on self-development.

논픽션이 좋아요. 저는 자기계발서를 특히 좋아해요.

> **TIP**
>
> '보다'란 의미의 단어는 크게 세 가지로
> look, see 그리고 watch가 있는데요, 차이점을 알아볼게요.
>
> - **watch**: 무언가를 집중해서 바라보거나 일정 시간 동안 지켜본
>   다는 의미
> - **see**: 어떤 것을 알아차리거나 알게 되는 것을 의미
> - **look**: 어떤 것을 향해 눈을 돌리는 것을 의미. 그래서 look for
>   는 '찾다'라는 의미

◀ 연습 문제 ▶

나는 좋은 치과의사를 찾고 있어.

_____

_____

정답: I'm looking for a good dentist.

I need some ~
~가 좀 필요해

다음 두 한국어 문장의 차이를 생각해볼까요? '나 돈 빌려줘'와 '나 돈 좀 빌려줘'. 미묘한 차이가 느껴지나요? '물 주세요'와 '물 조금만 주세요'는 어떤가요? 한국어에서도 무언가를 요청할 때는 '좀' 또는 '조금만'이란 단어들을 사용해서 표현을 조금 더 부드럽게 만들어주잖아요. 영어에서는 some이 이런 역할을 한답니다. 무언가가 필요할 때 'I need ~'라고 말하기보다는 'I need some + 명사'로 표현해요. 어차피 달라고 부탁하는 거지만 조금만 달라고 하면 왠지 덜 미안하기 때문일까요?

예) I need some more coffee, please(나는 커피가 좀 더 필요해).

---

1. **I need some** advice.
   나는 조언이 좀 필요해.

2. **I need some** more time.
   나는 시간이 조금 더 필요해.

3. **I need some** extra cash.
   나는 현금이 조금 더 필요해.

4. **I need some** help with these groceries.
   나는 이 식료품들과 관련해 도움이 좀 필요해.

5. **I need some** time to think about what you said.
   나는 네가 한 말에 대해 생각하는 데 시간이 좀 필요해.

A: Room service. How can I help you?

룸서비스입니다. 무엇을 도와드릴까요?

B: I need some more towels, please.

수건이 조금 더 필요해요. 부탁해요.

A: Sure. How many would you like?

물론이지요. 몇 개 더 드릴까요?

◀ 연습 문제 ▶

나는 프린터에 넣을 종이가 좀 필요해.

_____

_____

정답 | I need some paper for the printer.

11

Is it possible to ~?

~할 수 있을까요?

가능 여부를 확인하고 싶거나, 어려운 부탁을 할 때 '~이 가능할까요?'라고 정중하게 문의하고 싶다면 이 패턴을 사용해보세요. 한국어로 직역하면 '이게 가능해?'지만 영어에서는 정중한 요청이라는 점을 기억해주세요.

이 패턴은 'Is it possible to + 동사?' 형태로 사용하시면 됩니다. 예를 들어 세일할 때 저렴하게 산 바지를 환불받을 수 있는지 확인하고 싶을 때는 "Is it possible to return these pants(이 바지를 반품할 수 있을까요)?"라고 물어보세요. 참고로 외국에서는 세일을 많이 한 제품은 반품할 수 없는 경우가 많아요.

---

1. **Is it possible to** check in early?
   체크인을 일찍 할 수 있을까요? (호텔에서 사용 가능한 표현)

2. **Is it possible to** change my flight?
   제 비행편을 변경할 수 있을까요?

3. **Is it possible to** get there by bus?
   그곳에 버스로 갈 수 있을까요?

4. **Is it possible to** get my order to-go?
   제 주문을 포장으로 할 수 있을까요? → 포장해갈 수 있을까요?

5. **Is it possible to** postpone our lunch to next week?
   우리 점심 식사를 다음 주로 미룰 수 있을까요?

A: **Is it possible to** change my order?

제 주문을 변경할 수 있을까요?

B: I'm afraid they've already started on your order.

죄송하지만 당신이 주문하신 것을 이미 만들기 시작했어요.

A: All right. Thanks anyway.

알겠어요. 감사합니다.

TIP

이 패턴에서 is 대신에 would + be를 사용할 수도 있는데,
is가 직접적으로 '이것이 가능한가요?'라고 물어보는 거라면
would + be는 좀 더 가설에 가깝게
'이런 것도 가능할까요?'라고 묻는 느낌을 가지고 있어요.
돌려 말할수록 좀 더 정중한 표현이라는 점 기억해주세요.

Would it be possible to change my drink?
제 음료를 변경하는 게 가능할까요?

◀ 연습 문제 ▶

거기까지 걸어갈 수 있나요?

12

How about ~?

~하는 건 어때?

제안을 할 때 정말 많이 사용하는 패턴이에요. 질문 형태이기 때문에 상대방에게 부담을 주지 않아요. 상대방이 마음 편하게 거절할 여지를 남겨 진심을 말할 수 있게 해주지요. 패턴을 사용하는 방법도 여러 가지라 명사, 동명사, 구나 절 등을 뒤에 편하게 붙일 수 있어요.

1) How about + 명사?: How about some pasta(파스타는 어때)?
2) How about + ing?: How about going to that pasta place(그 파스타 집에 가는 건 어때)?
3) How about + 주어 + 동사?: How about we go to the pasta place(우리가 파스타 집에 가는 게 어때)?

---

1. **How about** some coffee?
   커피 좀 마시는 건 어때?

2. **How about** taking Friday off?
   금요일에 쉬는 건 어때?

3. **How about** Thursday at 7 p.m.?
   목요일 저녁 7시는 어때?

4. **How about** you meet me halfway?
   네가 나를 중간 지점에서 만나는 건 어때?

5. **How about** we leave tonight instead of tomorrow?
   우리 내일 말고 오늘 밤 떠나는 건 어때?

A: Are you free for coffee tomorrow?

내일 커피 마실 시간 있어?

B: Yeah, I'm actually free all day.

응, 사실 내일은 종일 괜찮아.

A: Awesome! How about I pick you up around 10 a.m.?

잘됐네. 내가 내일 아침 10시쯤 데리러 가는 건 어때?

◀ 연습 문제 ▶

우리 잠깐 낮잠을 자는 게 어때?

정답: How about we take a quick nap?

Why don't we ~?

우리 ~하는 게 어때?

이 질문은 지금까지 나오지 않았던 부정형 질문이라 낯설게 느껴질 수도 있어요. 'How about~?'과 유사하게 제안을 할 때 사용되는 패턴이에요. 다만 차이가 있다면 'How about~?'은 상대방에게 거절당해도 마음의 상처를 받지 않을 만큼 캐주얼하게 질문하는 것이고, 'Why don't we ~?'에는 '거절하지 않겠지'라는 미묘한 기대감이 담겨 있어요. 하지만 어쨌든 질문 형태이기 때문에 거절해도 크게 부담되지는 않습니다. "Why don't we order in(우리 배달시키는 게 어때)?"에는 '우리 웬만하면 배달시켜 먹자'라는 의미가 함축되어 있어요. 'Why don't we + 동사?' 형태로 사용할 수 있어요.

1. **Why don't we** check it out?
   우리 확인해보는 게 어때?

2. **Why don't we** plan a *playdate?
   우리 플레이데이트를 계획하는 게 어때?

3. **Why don't we** head out soon?
   우리 곧 출발하는 게 어때?

4. **Why don't we** brainstorm some ideas?
   우리 아이디어를 생각해보는 게 어때?

5. **Why don't we** get together next week?
   우리 다음 주에 만나는 게 어때?

* playdate: 아이들이 함께 놀기로 약속한 날

A: Where should we go for dinner?

저녁 먹으러 어디로 갈까?

B: Why don't we check out that new restaurant?

우리 그 새로운 식당에 가보는 게 어때?

A: Great idea! I've been wanting to try it out.

좋은 생각이야! 그곳에 한번 가보고 싶었어.

◀ 연습 문제 ▶

우리 영화 보러 가는 게 어때?

14 You might want to ~
너는 ~하는 게 좋을 것 같아

지금까지는 부담을 주지 않고 정중하게 제안하는 방법들을 알아봤는데요, 이번에는 함부로 제안을 하거나 의견을 내기에 민감한 문제나 주제에 대해서 제안을 한 듯 안 한 듯 선을 타며 공손하게 추천하는 방법을 알아볼게요. 적절한 대책이나 해결책을 제안하면서도 결과가 잘못되었을 경우 책임을 회피하고 싶다면 이 패턴을 추천합니다. 'You might want to + 동사'는 직역하면 '당신은 아마 이렇게 하시고 싶을 거예요'란 뜻이지만 실제로는 '제 생각에는 ~하는 게 좋으실 거예요'라는 의미예요. 예) You might want to get there a bit earlier(당신은 그곳에 좀 일찍 도착하시는 게 좋을 것 같아요).

1. **You might want to talk to her first.**
   너는 그녀와 먼저 이야기해보는 게 좋을 것 같아.

2. **You might want to double check.**
   너는 다시 확인해보는 게 좋을 것 같아.

3. **You might want to reconsider that.**
   너는 다시 생각해보는 게 좋을 것 같아.

4. **You might want to do something about your hair.**
   너는 헤어 스타일에 변화를 주는 게 좋을 것 같아.

5. **You might want to spend more time studying.**
   너는 좀 더 시간을 들여서 공부하는 게 좋을 것 같아.

A: **You might want to** slow down. You're driving quite fast.

속도를 줄이는 게 좋을 것 같아. 꽤 빨리 달리고 있는데.

B: Oh, sorry. I didn't even realize it.

어머, 미안. 내가 미처 알아차리지를 못했네.

A: No worries. I just don't want you to get a ticket.

괜찮아. 네가 (교통 위반) 딱지 끊지 않기를 바랄 뿐이야.

TIP

'You might want to ~'와 'You may want to~'는
같은 의미로 사용할 수 있어요.
may가 들어간 패턴이 좀 더 정중하고 공손한 느낌이
있기는 하지만, 큰 차이는 없습니다.

You may want to look over the contract.
계약서을 검토해보시는 게 좋을 것 같아요.

◀ 연습 문제 ▶

너는 이것을 한번 보는 게 좋을 것 같아.

정답: You might want to take a look at this.

I think you should ~

너는 ~해야 할 것 같아

"You should go to bed early(너는 일찍 잠자리에 들어야 해)."와 같은 명령형 표현에서 'You should ~' 구문을 많이 들어보셨을 텐데요, 'You should ~'는 무엇을 해야만 한다는 의무나 책무를 나타내는 패턴입니다. 특히나 should는 조언이나 지시를 할 때 꼭 등장하는 단어예요. should가 가진 명령조의 이미지가 너무 강해서 네이티브는 이것을 사용할 때 문장의 맨 앞에 'I think(내 생각에는)'를 넣어 좀 더 부드러운 표현으로 만들어줍니다.

'I think you should + 동사' 형태로 사용하면 됩니다. 예) I think you should drink more water(너는 물을 더 마셔야 할 것 같아).

1. **I think you should** relax.
   너는 긴장을 풀어야 할 것 같아.

2. **I think you should** clean out your closet.
   네 옷장을 정리해야 할 것 같아.

3. **I think you should** spend more time with her.
   너는 그녀와 시간을 더 보내야 할 것 같아.

4. **I think you should** reduce your *screentime.
   너는 화면을 보고 있는 시간을 줄여야 할 것 같아.

5. **I think you should** eat more vegetables.
   너는 채소를 더 먹어야 할 것 같아.

* screentime: 핸드폰, PC, TV 등 전자 기기의 화면을 보고 있는 시간

A: I've had a headache all day.

난 종일 두통에 시달리고 있어.

B: **I think you should** drink more water.

내 생각에 너는 물을 좀 더 마셔야 할 것 같아.

A: Really? That helps? I guess I don't drink enough.

정말? 그게 도움이 돼? 내가 충분히 마시지 않는 것 같기는 해.

> TIP
>
> 'I think you should ~'는 '너는 ~해야 할 것 같아'라는 뜻으로
> 어떤 행동을 긍정적으로 추천하는 패턴입니다.
> 반대로 '~는 하면 안 될 것 같아'라고 하고 싶다면
> 'I don't think you should ~' 패턴을 사용해보세요.
>
> **I don't think you should go shopping when you are broke.**
> 네가 돈이 없을 때는 쇼핑하러 가면 안 될 것 같아.

◀ 연습 문제 ▶

너는 그것에 대해서 신중히 생각해봐야 할 것 같아.

16

Shouldn't we ~?

우리 ~해야 하지 않을까?

should라는 단어가 의무나 꼭 해야 하는 역할 등에 쓰인다는 것 기억하시죠? 'Shouldn't we ~(우리 ~해야 하지 않을까?)' 패턴은 해야만 하는 행동을 의문문 형태로 제안하는 거예요. 상대방의 의견을 묻는 표현이기도 하지만, 우리가 해야 할 역할을 제안하기도 하는 표현이지요. '우리 이렇게 해야 하는 것 아니에요? 이렇게 하는 게 올바른 것 같은데'라는 의미를 내포하고 있지만, 표현 자체는 아주 공손하죠.

이 패턴은 뒤에 동사를 붙여 'Shouldn't we + 동사?'의 형태로 쓰면 됩니다.
예) Shouldn't we check the weather(우리 날씨를 확인해야 하지 않을까)?

1. **Shouldn't we call them?**
   우리가 그들에게 전화해야 하지 않을까?

2. **Shouldn't we wait around?**
   우리 좀 더 기다려야 하지 않을까?

3. **Shouldn't we wake the kids up?**
   우리가 아이들을 깨워야 하지 않을까?

4. **Shouldn't we try to email them first?**
   우리가 그들에게 먼저 이메일을 보내봐야 하지 않을까?

5. **Shouldn't we check to see if it's raining?**
   우리 비가 오는지 확인해봐야 하지 않을까?

A: It's past 11 p.m. Shouldn't we sleep?

밤 11시가 지났어. 우리 자야 하는 거 아니야?

B: Yeah, I should. Let me finish this episode.

네, 그래야죠. 이 에피소드만 끝내고요. → 네, 그래야죠. 이 에피소드까지만 보고요.

A: Okay, I'm going to bed first.

그래, 나는 먼저 잔다.

누군가가 "Shouldn't you go(너 가야 하지 않아)?"라고
부정문으로 물어본다고 해도 "Yes, I should(응, 가야지)." 또는
"No, I don't need to go yet(아니, 아직 가지 않아도 괜찮아)."
이라고 답변하면 돼요. 이런 질문을 받으면 질문이
긍정문인지 부정문인지 생각하지 말고,
내가 갈 거면(긍정) "Yes, I do."라고 답하고,
내가 안 갈 거면(부정) "No, I don't."이라고 답해주세요.

◀ 연습 문제 ▶

머리를 잘라야 하지 않을까?

정답: Shouldn't you get a hair cut?

17

Maybe we should ~
우리 ~해야 할 것 같아

제안이나 추천을 할 때 should를 많이 사용한다는 사실을 눈치채셨을 거예요. '~을 해야 한다'라고 강조하는 have to나 must보다는 should가 훨씬 부드러운 느낌으로 선택의 기회를 주는 거예요. 하지만 should도 '~하는 게 좋아'라는 의미로, 어느 정도의 강제성이나 의무감을 부여해요. '웬만하면 이거 해라'의 의미인 거죠. 그래서 네이티브는 should를 좀 더 부드럽게 만들기 위해 앞에 maybe를 붙여요. 'Maybe + 주어 + should + 동사'의 패턴을 사용하는 거죠. 여기서는 주어에 we(우리)를 넣어서 '우리 ~해야 할 것 같아' 또는 '우리 ~하는 게 낫겠어'와 같이 아주 부드럽게 제안하는 문장들을 알아볼게요.

1. **Maybe we should** cancel.
   우리 취소해야 할 것 같아.

2. **Maybe we should** just go home.
   우리 그냥 집에 가는 게 낫겠어.

3. **Maybe we should** just *call it quits.
   우리 그냥 그만두는 게 낫겠어.

4. **Maybe we should** take care of this first.
   우리 이 일을 먼저 처리해야 할 것 같아.

5. **Maybe we should** plan ahead next time.
   우리 다음에는 계획을 먼저 세우는 게 낫겠어.

* call it quits: 그만두기로 하다

A: I can't believe how long the line is!

줄이 이렇게 길다니 믿을 수가 없네!

B: **Maybe we should** try the place next door.

우리 옆 가게(식당)를 가보는 게 좋을 것 같아.

A: Yeah, good idea. There's no line there.

그래, 좋은 생각이야. 저기는 줄이 없네.

◀ 연습 문제 ▶

우리 다음에 만나는 게 좋을 것 같아.

정답: Maybe we should meet next time.

If I were you, I'd ~

내가 너라면, 나는 ~할 것이다

'나 같으면 ~하겠다', '내가 너라면 이렇게 하겠다'라는 말 자주 하시나요? '내가 너의 입장이라면 나는 이렇게 하겠어'라고 할 때는 간단하게 'If I were you, I'd ~' 패턴을 사용해주세요. 어디선가 본 듯한 느낌이 드나요? 문법책의 가정문 부분에 자주 나오는 형태예요. '만약 ~라면, ~할 텐데'라는 가정문 공식이지요. 'If + 주어 + 과거동사, 주어 + would/should/could + 동사원형'. 하지만 영어를 이렇게 수학 공식처럼 어렵게 암기하는 방법은 추천하지 않아요. 차라리 'If I were you, I'd + 동사' 정도만 기억해두고, '내가 너라면 이렇게 하겠어'라고 조언하고 싶을 때 사용해보세요.

1. **If I were you, I'd** take a coat.
내가 너라면, 코트를 가져가겠어.

2. **If I were you, I'd** talk to the manager.
내가 너라면, 매니저와 얘기했을 거야.

3. **If I were you, I'd** tell them the truth.
내가 너라면, 그들에게 진실을 말했을 거야.

4. **If I were you, I'd** find a new job that pays better.
내가 너라면, 급여를 더 주는 새 직장을 찾을 거야.

5. **If I were you, I'd** ask your parents for help.
내가 너라면, 부모님에게 도움을 요청할 거야.

A: They're not responding to my emails.

그들이 내 이메일에 답을 안 해줘.

B: Well, if I were you, I'd try calling them.

글쎄, 내가 너라면, 그들에게 전화해보겠어.

A: You're right. Maybe I should just do that.

네 말이 맞아. 그렇게 한번 해봐야겠다.

◀ 연습 문제 ▶

내가 너라면, 전화를 먼저 했을 거야.

정답: If I were you, I'd call first.

19

You'd better ~

너 ~하는 게 좋겠어

이 패턴은 말하는 사람의 뉘앙스와 상황에 따라서 분위기와 의미가 약간 달라져요. 첫 번째로는 'You should ~'와 같이 단순하게 추천하거나 제안하는 '너 ~하는 게 좋겠어'라는 의미가 있어요. 두 번째로는 약간의 협박성 멘트로 '너, ~하는 게 네 신상에 좋을 거야'라는 의미가 있어요. 그렇다고 너무 심각하게 받아들이지는 마시고요. 저도 종종 저희 아들에게 "Hey, Mister. You'd better clean up your room or else!"라고 말하는데, "너, 방 안 치우면 알아서 해라" 정도의 경고성 멘트예요. 상대방이 이 표현을 사용한다면 눈과 귀를 쫑긋하고 눈치를 잘 살피세요.

1. **You'd better wash up.**
   너 씻는 게 좋겠어.

2. **You'd better be careful.**
   너 조심하는 게 좋겠어.

3. **You'd better get some sleep.**
   너 잠을 좀 자는 게 좋겠어.

4. **You'd better start on your homework.**
   네 숙제를 시작하는 게 좋겠어.

5. **You'd better listen to your parents.**
   네 부모님 말씀을 듣는 게 좋겠어.

A: I really don't feel like going out.

정말 밖에 나가고 싶지 않아요.

B: You promised Sage. **You'd better** go.

너 세이지에게 약속했잖아. 가는 게 좋겠어.

A: All right…

알았어요….

◀ 연습 문제 ▶

너는 서두르는 게 좋겠어.

정답: You'd better hurry up.

20

We might as well ~
그냥 ~하는 게 낫겠어

'피할 수 없다면 즐겨라'라는 말과 비슷한 느낌의 말 같아 보이지만, 실제로는 '피할 수 없다면 그냥 해치우는 게 낫겠다'라는 뜻이에요. 최고의 선택은 아니지만 다른 대안이 없을 때 '그냥 이렇게라도 하자', '이게 그나마 낫겠다'라는 의미로 쓰는 거죠. 그리고 별로 하고 싶은 의지는 없지만 해야만 하는 일이 있을 때 '우리가 할 일이나 하는 게 낫겠다'라는 의미로도 쓰여요. 예) We might as well finish our homework(우리 그냥 숙제나 끝내는 게 낫겠어).
이렇게 다소 부정적인 뜻이다 보니, 가까운 사람들과 나누는 캐주얼한 대화에서만 주로 쓰입니다. 'We might as well + 동사' 형태로 사용할 수 있어요.

---

1. **We might as well** turn back.
   그냥 돌아가는 게 낫겠어.

2. **We might as well** just wake up.
   그냥 일어나는 게 낫겠어.

3. **We might as well** do it tomorrow.
   그냥 내일 하는 게 낫겠어.

4. **We might as well** get a new one.
   그냥 새로 사는 게 낫겠어.

5. **We might as well** wait until next year.
   그냥 내년까지 기다리는 게 낫겠어.

A: What's for lunch?

점심 메뉴는 뭐야?

B: Well, it's already past 2 and our dinner's at 5:30.

글쎄, 벌써 2시가 지났고 5시 반에 저녁 먹기로 했잖아.

A: Then we might as well just skip lunch.

그럼 그냥 점심은 건너뛰는 게 낫겠네.

◀ 연습 문제 ▶

우리 그냥 따로 가는 게 좋겠어.

_____

_____

정답: We might as well just go separately.

영어에는 존댓말이 없다고요?

영어에 존댓말이 없다고 하지만 격식 있는 표현, 공손한 표현은 있죠. 챕터 1에서 배운 요청과 제안의 패턴들도 격식의 정도가 달라요. 일반적으로 패턴이 길수록 정중하고 어려운 요청에 사용되지만 좀 더 기억하기 쉽게 표로 정리해보았어요. 자주 살펴보시면서 상황에 맞는 패턴을 사용하도록 해봐요.

정중한 정도	용도	패턴
일상 회화	일상 회화	**Can you** ~(넌 ~할 수 있니)? **Can I** ~(내가 ~해도 될까)? **Will you** ~(네가 ~할래)? **I need** ~(나는 ~가 필요해). **I want** ~(나는 ~을 원해).
공손한 표현	일반적으로 많이 사용	**Could you (please)** ~(당신이~해주시겠어요)? **Could I (please)** ~(제가 ~을 해도 될까요)? **I'd like** ~(제가 ~하고 싶은데요). **Do you mind** ~(제가 ~해도 될까요)? **Is it okay if I** ~(제가 ~해도 괜찮나요)?
공손한 표현	격식 있는 자리에서 사용	**May I** ~(제가~해도 될까요)? **Would you mind** ~(당신이 ~을 해주시겠어요)? **Would it be okay if I** ~(제가 ~을 해도 괜찮을까요)? **I'd appreciate it if you could** ~(당신이 ~을 해주시면 감사하겠어요).
매우 공손한 표현	굉장히 어려운 요청을 할 때 사용	**Would you be so kind as to** ~(당신이 친절을 베풀어 ~을 해주시겠어요)? **Do you think it would be possible for me to** ~(당신은 제가 ~을 할 수 있다고 생각하시나요)? **I hope you don't mind my asking but could you** ~(실례지만, 부탁을 드려도 될까요? ~을 주실 수 있나요)?

2

의견과
감정

21

What do you think about ~?

~에 대해 어떻게 생각해?

다른 사람의 솔직한 의견을 물어보거나 여러 명이 하는 대화에서 적극적인 참여를 유도하기에 좋은 패턴이에요. 긍정적이든 부정적이든 상관없이 순수하게 너의 의견을 알려달라는 의미가 포함되어 있어요.

의견을 물어볼 때뿐만 아니라 제안을 할 때도 유용하게 사용할 수 있어요. 가령 "What do you think about going to the beach this weekend(이번 주말에 해변에 가는 것에 대해 어떻게 생각해)?"라고 하면, '이번 주말에 해변에 갈래?'라는 의미예요. 일상의 캐주얼한 대화는 물론이고 비즈니스 환경에서도 두루두루 사용할 수 있는 표현이에요.

1. **What do you think about** this dress?
   이 원피스에 대해 어떻게 생각해?

2. **What do you think about** Jamie's girlfriend?
   제이미의 여자친구에 대해 어떻게 생각해?

3. **What do you think about** *ordering in?
   배달 음식을 시켜 먹는 것에 대해 어떻게 생각해?

4. **What do you think about** this color for the living room?
   거실에 이 색상을 사용하는 것에 대해 어떻게 생각해?

5. **What do you think about** climate change?
   기후 변화에 대해 어떻게 생각해?

* order in: 배달 음식을 시키다

A: **What do you think about** my new haircut?

내 새로운 헤어 스타일에 대해 어떻게 생각해?

B: It really suits you!

너한테 정말 잘 어울린다!

A: Thanks! It's shorter than I expected, so I wasn't sure about it.

고마워. 내 기대보다는 짧아서 확신이 없었어.

◀ 연습 문제 ▶

이 가죽 가방에 대해서 어떻게 생각해?

_____

_____

정답: What do you think about this leather bag?

22

How do you like ~?

~은 어때?

이 패턴은 상대방이 무언가를 좋아하는지 아닌지 간단히 물어볼 수 있는 표현이에요. 질문자는 상대방의 의사를 가볍게 확인하려는 의도고, 답변하는 사람도 좋다, 싫다를 부연 설명 없이 간단히 대답하면 됩니다.

예를 들어, 식당에서 친구가 "How do you like the pizza(피자 어때)?"라고 물어본다면 피자가 좋은지 싫은지만 물어보는 거예요. 이런 경우에는 "It's fine(좋아)." "It's good(괜찮아)." "I've had better(다른 걸로)." 등의 짧은 답변으로 의사를 표시하면 됩니다. 이 질문에 "나는 얇은 화덕 피자에 고르곤졸라 치즈 피자가 좋아"라고 답변하면 곤란해요.

1. **How do you like** your new job?
   새 직장은 어때?

2. **How do you like** the fried chicken?
   프라이드치킨은 어때?

3. **How do you like** my idea?
   내 아이디어 어때?

4. **How did you like** London?
   런던은 어땠어?

5. **How do you like** the way I rearranged the furniture?
   가구 재배치했는데 어때?

A: I finally moved into my new apartment this past weekend.

지난 주말에 드디어 새 아파트로 이사했어.

B: How do you like it?

어때?

A: It's great. I'm glad I made the decision to move.

좋아. 이사하기로 결정하기를 잘했어.

◀ 연습 문제 ▶

이 노래 어때?

_____

_____

정답: How do you like this song?

23

Are you happy with ~?

~에 만족해?

이 패턴에서 happy는 순수한 의미의 행복이나 즐거움이 아닌 만족도를 의미해요. 패턴 뒤에 명사나 명사구를 붙여서 '~에 만족해?'라는 뜻으로 사용합니다. 사람에 대한 만족도를 물어보는 데도 쓸 수 있어요. 예를 들어 "Are you happy with your kids' private tutor(너희 아이들 과외 선생님에게 만족해)?"라고 하면, 과외 선생님이 괜찮은지를 물어보는 것이지요.

또 상대방의 안부를 물을 때도 좋은 표현이에요. 만약 친구가 "Are you happy with your job?"이라고 물어본다면 "네 직업에 만족해?"라고 직역하기보다는, "일은 잘되어가니?"라고 의역하는 게 더 자연스러워요.

1. **Are you happy with** the decision?
   그 결정에 만족해?

2. **Are you happy with** your job these days?
   요즘에 네가 하는 일에 만족해?

3. **Are you happy with** your new washing machine?
   새 세탁기 마음에 들어?

4. **Are you happy with** the grade you got on the test?
   시험에서 받은 성적에 만족해?

5. **Are you happy with** your current role?
   현재 역할에 만족하시나요?

A: You remember that company I was talking about? I got the job!

내가 전에 말하던 회사 기억해? 나 취직했어!

B: Congratulations! Are you happy with the salary?

축하해! 연봉은 마음에 들어?

A: Yeah, I'm pretty satisfied with my pay.

응, 내 월급에 꽤 만족해.

◀ 연습 문제 ▶

결과에 만족하니?

정답: Are you happy with the result?

24

Which ~ is better, A or B?

A와 B 중 어느 것이 더 괜찮아?

조언이나 의견을 구할 때 정말 좋은 패턴이에요. A와 B, 두 개의 옵션 중에서 어느 것을 선택할지 고민이 되어 다른 사람에게 추천받고 싶다면 이 패턴을 사용해보세요. 다양한 활동들을 비교해서 물어볼 때도 아주 좋은 패턴이에요. 동사에 ing를 붙여서 동명사 형태로 다양한 활동이나 activity를 비교해서 물어볼 수 있어요(예문 5번 참조).

이 패턴은 다음의 두 가지 형태로 사용하실 수 있어요.

1) Which 명사 is better, 명사 or 명사?

2) Which 명사 is better, 동명사 or 동명사?

---

1. **Which** book **is better,** this one **or** that one?
   어느 책이 더 좋아, 이거 아니면 저거?

2. **Which** exercise **is better,** yoga **or** pilates?
   요가와 필라테스 중에 어느 운동이 더 괜찮아?

3. **Which** phone case **is better,** the black **or** blue one?
   검은색과 파란색 중에 어느 핸드폰 케이스가 더 괜찮아?

4. **Which** pasta **is better,** the bolognese **or** the aglio olio?
   볼로네즈와 알리오 올리오 파스타 중에 어느 것이 더 괜찮아?

5. **Which** option **is better,** buying **or** leasing a car?
   차를 사는 것과 임대하는 것 중에 어느 선택이 더 괜찮아?

A: I'm still trying to decide where to go on my vacation.
Which place **is better,** Singapore **or** Thailand?

휴가에 어디로 갈지 아직도 고민 중이야. 싱가포르와 태국 중에 어느 곳이 더 괜찮아?

B: I personally love Thai food, so Thailand.

나는 개인적으로 태국 음식을 정말 좋아해. 그래서 태국.

A: I love Thai food, too. Then Thailand, it is.

나도 태국 음식 정말 좋아해. 그럼 태국으로 결정해야겠다.

TIP

이 패턴과 유사한 형태의 패턴을 두 개 더 알아볼게요.

1. **Which do you like better, A or B?**
   A와 B 중에 어느 것이 더 좋아?

2. **Which ~ would be better, A or B?**
   A와 B 중에 어느 것이 더 나을까?

◀ 연습 문제 ▶

지하철과 버스 중에 어느 것이 더 괜찮아?

25

That sounds ~

~처럼 들리다 / ~처럼 생각되다

친구가 야근을 많이 한다고 하소연한다면 "That sounds tiring(피곤하게 들린다 → 피곤하겠다)." 또는 "That sounds terrible(끔찍하게 들리네 → 끔찍하겠다)."라고 말해줄 수 있어요. 즉 네가 한 말을 들어보니 '~처럼 들린다' 또는 네 말을 듣고 보니 '~ 같은 생각이 든다'라는 뜻이에요. 이 패턴을 사용하는 방법에는 두 가지가 있어요.

1) That sounds + 형용사 2) That sounds + 명사 / 명사구

물론 항상 부정적인 표현에만 사용하는 패턴은 아니에요. "That sounds wonderful(너무 멋지게 들리네 → 너무 좋았겠다)!"과 같이 긍정적인 표현으로도 사용할 수 있어요.

1. **That sounds** great.
   좋게 들리는데. → 그거 좋은데.

2. **That sounds** boring.
   지루하게 들리는데. → 지루하겠다.

3. **That sounds** reasonable.
   합리적으로 들리는데. → 괜찮은데.

4. **That sounds** too expensive.
   너무 비싸게 들리는데. → 너무 비싸네.

5. **That sounds** like a good solution to the problem.
   그 문제에 좋은 해결책으로 들리는데. → 그 문제에 좋은 해결책이네.

A: I've just booked tickets to London for this summer.

나는 이번 여름에 런던행 티켓을 예약했어.

B: **That sounds** amazing!

놀랍게 들리는데! → 굉장한데!

A: I know! It's going to be a great trip.

나도 알아! 정말 멋진 여행이 될 거야.

◀ 연습 문제 ▶

흥미롭게 들리는데(흥미롭네).

26

I can't believe ~

~을 믿을 수가 없어

믿을 수 없을 만큼 깜짝 놀라는 일이 있을 때 사용하는 패턴이에요. 충격을 받거나 너무 놀랄 만한 일이 있을 때 '나는 ~을 못 믿겠는데, 어떻게 이런 일이 일어날 수가 있지? 말도 안 돼'의 느낌으로 쓰는 표현이에요.

패턴 뒤에 that을 붙여서 구나 절을 붙일 수도 있어요. 그리고 상황이 안 좋아서 놀라거나 충격을 받았을 때, 과한 스트레스를 받았을 때도 사용할 수 있어요. 마지막으로 패턴 뒤에 how를 넣어서 감탄문 형태로도 만들 수 있어요. 예) I can't believe how much you've grown(네가 얼마나 많이 컸는지 믿을 수가 없어 → 정말 많이 컸구나).

---

1. **I can't believe** I won!
   내가 이겼다니 믿을 수가 없어.

2. **I can't believe** you didn't get the job.
   네가 그 일자리를 얻지 못했다니 믿을 수기 없어.

3. **I can't believe** that Lily never called me back.
   릴리가 나에게 다시 전화하지 않다니 믿을 수가 없어.

4. **I can't believe** the price of these shoes.
   나는 이 신발의 가격을 믿을 수가 없어.

5. **I can't believe** we ran out of diapers already.
   우리가 벌써 기저귀를 다 썼다니 믿을 수가 없어.

A: I can't believe how long it's been since I last saw you.

당신을 마지막으로 본 지 얼마나 오래된 건지 믿을 수가 없네요.

B: I know! I haven't seen you in ages.

그러게요! 너무나 오랫동안 못 만났어요.

A: We need to get together more often.

우리 좀 더 자주 만나야겠어요.

◀ 연습 문제 ▶

그 둘이 사귄다니, 믿을 수가 없어.

_____

_____

27

In my opinion, ~

내 생각에는 ~

이 패턴은 비즈니스 환경이나 다양한 공적인 장소에서 본인의 의견을 말할 때 사용하면 좋은 표현이에요. 굳이 본인의 의견을 말할 때 'In my opinion'을 앞에 붙여주는 이유는 사실과 개인의 의견을 구분해주기 위해서이기도 하고, 개인의 의견은 어디까지나 완벽하지 않다는 점을 강조하기 위해서이기도 해요. '제가 틀릴 수도 있고, 제 생각이 완벽하지 않을 수도 있지만, 제 생각에는~'이라고 여지를 남겨두는 것이죠. 예) In my opinion, we don't need to bring a gift to the party(제 생각에는 파티에 선물을 가져올 필요는 없습니다). 이 패턴은 'In my opinion + 주어 + 동사' 형태로 쓸 수 있어요.

---

1. **In my opinion,** you overreacted.
   내 생각에는 네가 과하게 반응했어.

2. **In my opinion,** he's being unreasonable.
   내 생가에는 그가 비합리적으로 굴고 있어.

3. **In my opinion,** Milo is the nicest guy.
   내 생각에 마일로는 정말 좋은 남자야.

4. **In my opinion,** she was treated unfairly.
   내 생각에 그녀는 부당한 대우를 받았어.

5. **In my opinion,** business class is worth it.
   내 생각에 (항공기) 비즈니스 클래스는 그만한 가치가 있어.

A: What did you think of the property we visited?

우리가 방문했던 부동산에 대해 어떻게 생각해?

B: In my opinion, a big backyard is too much work.

내 생각에 뒤뜰이 넓어서 일이 너무 많겠어.

A: True. But the kids would love it.

맞아. 하지만 아이들이 좋아할 거야.

◀ 연습 문제 ▶

내 생각에, 여기 커피는 너무 써.

정답: In my opinion, the coffee here is too bitter.

28

I'm willing to ~

기꺼이 ~할 의향이 있다

willing to do와 I want to do는 약간의 온도 차이가 있는데요, I want to do 는 무언가를 하고 싶다는 강한 의지를 나타내는 표현이고, willing to do는 그 렇게 하고 싶지는 않지만 나에게 시키면 하긴 하겠다는 뜻입니다.

1) I want to babysit my sister's kids(내 여동생의 아이들을 돌보고 싶어).
: 아이들을 '자발적으로' 돌보고 싶다는 강한 의지를 보일 때.

2) I'm willing to babysit my sister's kids(내 여동생의 아이들을 기꺼이 돌 볼 의향이 있어).: 자발적으로 돌볼 의지는 없지만, 상황이 여의찮아 나에게 애 들을 돌봐달라고 부탁한다면, 기꺼이 부탁을 들어주겠다는 의미.

---

1. **I'm willing to** invite Olivia to the party.
   나는 올리비아를 파티에 초대할 의향이 있어.

2. **I'm willing to** come to the office on Saturday.
   나는 토요일에 사무실에 출근할 의향이 있어.

3. **I'm willing to** wait a while longer.
   나는 조금 더 기다릴 의향이 있어.

4. **I'm** not **willing to** change my travel plans.
   나는 내 여행 계획을 변경할 의향이 없어.

5. **I'm willing to** pay more for overnight delivery.
   나는 당일배송을 위해서 돈을 더 낼 의향이 있어.

A: Sorry I'm late! I got stuck in traffic.

늦어서 미안! 차가 막혀서.

B: I'm willing to *let it slide this time, but don't let it happen again.

이번 한 번은 그냥 넘어가지만, 다음에는 이러지 마.

A: I won't.

그러지 않을게.

* let it slide: 봐주다, 넘어가다

> TIP
>
> 과도한 요구인 건 알지만 상대방에게
> 이것을 할 의향이 있는지 물어보는 표현이에요.
> 예를 들어 굉장히 힘든 프로젝트가 있는데,
> 그 프로젝트에 합류할 생각이 있는지 물어볼 땐
> 이렇게 말하면 됩니다.
>
> Are you willing to work for this project?
> 당신은 이 프로젝트를 위해 일할 의향이 있나요?

◀ 연습 문제 ▶

마감일을 변경할 의향이 있어요.

정답: I'm willing to change the deadline.

29
I'm pretty sure ~
~라고 꽤 확신해

pretty라는 단어를 들었다면 문맥을 잘 살펴야 해요. pretty는 부사로 '꽤', '어느 정도'라는 의미인데 그게 얼마만큼인지 파악하기 위해서는 앞뒤 문맥을 잘 파악해야 하는 거죠. 하지만 pretty sure(꽤 확신해)를 사용할 때는 그런 고민을 잠시 접어 두어도 돼요. 여기서 pretty는 '상당히'라는 의미로 쓰이거든요. 만약 그것보다 더 확실하게 알고 있었다면 really sure, absolutely sure, entirely sure, 또는 그냥 sure라고 표현했을 거예요. 그래서 100% 확실하지는 않지만 상당히 확신할 때는 'I'm pretty sure ~' 패턴을 사용할 수 있어요. 'I'm pretty sure (that) + 주어 + 동사' 형태로 사용하면 됩니다.

1. I'm pretty sure today is the last day of the sale.
   오늘이 세일 마지막 날이라고 꽤 확신해.

2. I'm pretty sure that food isn't allowed in here.
   여기시는 음식물이 허용되지 않는다고 꽤 확신해.

3. I'm pretty sure that Audrey quit her job.
   오드리가 일을 그만두었다고 꽤 확신해.

4. I'm pretty sure this dress will be too small for me.
   이 드레스가 나에게 너무 작을 거라고 꽤 확신해.

5. I'm pretty sure that the tickets are sold out.
   표가 매진되었다고 꽤 확신해.

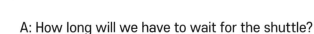

A: How long will we have to wait for the shuttle?

우리가 셔틀을 타려면 얼마나 기다려야 할까요?

B: I'm pretty sure it comes every 15 minutes.

15분마다 셔틀이 온다고 꽤 확신해.

A: Oh, that's not too bad.

오, 그렇게 나쁘지 않네요.

◀ 연습 문제 ▶

공연이 7시에 시작한다고 꽤 확신해.

정답: I'm pretty sure [that] the show starts at 7.

30

I'm really into ~

난 ~에 푹 빠졌어

취미나 관심사를 말할 때 회화에서 많이 사용되는 패턴입니다. 단순한 관심이나 흥미를 넘어 시간을 투자하고 깊이 있게 빠져 덕후가 되어 가고 있다면 사용하기 좋은 표현이에요. 예를 들어 누군가 "I really like coffee(난 커피가 정말 좋아)."라고 말한다면 커피 향을 즐기고 즐겨 마시는 사람이겠지만, "I'm really into coffee(난 정말 커피에 푹 빠졌어)."라고 말하는 사람은 커피콩을 볶는 법을 알아보고 핸드 드립 커피를 만들고 바리스타 자격증을 준비하는 사람일 거예요.

1. **I'm really into camping.**
   나는 캠핑에 푹 빠졌어.

2. **I'm really into this song right now.**
   나는 지금 이 노래에 푹 빠졌어.

3. **I'm really into sewing my own clothes.**
   나는 내 옷을 직접 가봉해 입는 데 푹 빠졌어.

4. **I'm really into natural wine these days.**
   나는 요즘 내추럴 와인에 푹 빠졌어.

5. **I'm really into playing basketball.**
   나는 농구 하는 데 푹 빠졌어.

A: What do you like to do in your free time?

자유 시간에는 무엇을 하는 걸 좋아해?

B: I'm really into photography.

나는 사진에 푹 빠졌어.

A: That sounds interesting. I'd love to see some of your photos.

흥미롭게 들리네. 네가 찍은 사진들을 봤으면 정말 좋겠다.

TIP

'누군가에게 푹 빠지다'라는 뜻의 'really into someone'은
'푹 빠지다'라는 말에서 알 수 있듯이
로맨틱한 마음, 연인으로 발전 가능한 마음이 된 것을 의미해요.

I'm really into Riley.
나는 라일리에게 푹 빠졌어.

◀ 연습 문제 ▶

나는 컴퓨터 게임에 정말 푹 빠졌어.

31

I'm dying to ~

~하고 싶어 죽겠어

정말 너무너무 하고 싶을 때, 못 하면 죽을 것 같을 때 이 패턴 'I'm dying to ~'를 사용할 수 있어요. 'I really want to ~(나는 정말 ~하고 싶어).'로는 표현이 안 되는 강한 열망을 강조하는 말이에요.

특정한 행동(action)을 원할 때는 'I'm dying to ~'라고 하고, 특정한 것(thing)을 원할 때는 'I'm dying for~'이라고 하면 됩니다(예문 5번 참조). 이 패턴은 친한 친구에게나 캐주얼한 대화에서 사용할 수 있어요. dying은 심각한 의미가 아니라 장난기 있는 유머와도 같다고 기억해주세요.

---

1. **I'm dying to get a dog.**
   강아지 가지고 싶어 죽겠어.

2. **I'm dying to check out that restaurant.**
   나는 그 식당에 가보고 싶어 죽겠어.

3. **I'm dying to see how the show ends.**
   나는 그 공연이 어떻게 끝나는지 보고 싶어 죽겠어.

4. **I'm dying to find out how I did on the exam.**
   나는 내 시험 결과를 알고 싶어 죽겠어.

5. **I'm dying for a glass of ice water.**
   나는 얼음물 한 잔이 절실해.

A: **I'm dying to** open my present.

나는 내 선물을 열고 싶어 죽겠어.

B: Well, you can't open it until Christmas.

글쎄, 크리스마스 때까지는 열 수 없어.

A: I don't think I can wait that long!

그렇게 오래 못 기다릴 것 같아.

◀ 연습 문제 ▶

나는 그 일자리를 얻고 싶어 죽겠어.

정답: I'm dying to get the job.

32

I'm glad you ~

네가 ~해서 기뻐

'I'm glad ~'라는 표현에는 '나는 ~해서 기뻐'라는 의미가 있어요. 여기에 you 를 붙여서 'I'm glad you ~' 또는 'I'm glad that you ~'라고 하면 '나는 네가 ~해서 기뻐'라는 의미가 됩니다. 상대방이 소소한 좋은 소식을 말했을 때, '~해서 다행이다', '잘됐네'라는 의미로 사용하면 돼요. 여기서 소소하다는 것은 아팠다가 나았다거나, 어디 갔었는데 좋았다는 것 정도예요. 만약에 상대방이 죽을 뻔했는데 간신히 살았다거나, 내 인생 최고의 여행을 갔다 왔다는 중요한 사건을 말했다면 다른 격한 리액션을 해주는 게 좋아요.

이 패턴은 'I'm glad (that) you + 동사' 형태로 사용할 수 있어요.

1. **I'm glad** that **you** like it.
   네가 그것을 좋아해서 기뻐.

2. **I'm glad you** tried your best.
   네가 최선을 다해서 기뻐.

3. **I'm glad** that **you** had a good time.
   네가 즐거운 시간을 보내서 기뻐.

4. **I'm glad you** found a parking spot easily.
   네가 주차할 곳을 쉽게 찾아서 기뻐.

5. **I'm glad** that **you** were able to meet them.
   네가 그들을 만날 수 있어서 기뻐.

A: Thanks for inviting me to your party.

너의 파티에 나를 초대해줘서 고마워.

B: I'm glad you came. There are a few people that I want you to meet.

네가 와서 기뻐. 네가 만났으면 하는 사람들이 몇 명 있어.

A: That sounds great.

그거 좋은데.

◀ 연습 문제 ▶

네가 집에 일찍 와서 기뻐.

_____

_____

정답: I'm glad you came home early.

33

There's nothing better than ~

~보다 더 좋은 것은 없다

더 좋다는 의미의 better 앞에 nothing을 넣어서 '더 좋은 게 없다', 즉 '이것만 한 것이 없다', '이것이 그중에 제일 낫다'라는 의미를 만들어준 패턴이에요.

패턴 뒤에 명사 또는 동명사를 붙여서 'There's nothing better than + 명 사/동명사' 형태로 사용하면 돼요. 동명사는 간단하게 동사에 ing를 붙여서 명사로 만든다고 생각하면 됩니다. 국어에서는 동사에 'ㅁ'을 붙여서 명사로 만들어주잖아요. 예) 웃다(동사) → 웃음(명사), 했다 (동사) → 했음(명사). 마 찬가지로 영어에서도 'watch(보다) → watching(봄)', 'eat(먹다)' → eating (먹음)'과 같이 만든다고 생각하면 편해요.

1. **There's nothing better than** nature.
   자연보다 더 좋은 것은 없어.

2. **There's nothing better than** some me time.
   나만의 시간보다 더 좋은 것은 없어.

3. **There's nothing better than** going for a run.
   달리기하러 가는 것보다 더 좋은 것은 없어.

4. **There's nothing better than** a fresh cup of coffee.
   갓 내린 신선한 커피보다 더 좋은 것은 없어.

5. **There's nothing better than** getting a full body massage. 전신 마사지를 받는 것보다 더 좋은 것은 없어.

A: How often do you go hiking?

등산을 얼마나 자주 가세요?

B: I go every weekend. There's nothing better than hiking.

주말마다 가요. 등산보다 더 좋은 것은 없어요.

A: I should go with you one day.

언제 한번 같이 가야겠네요.

◀ 연습 문제 ▶

좋은 친구보다 더 좋은 것은 없다.

_____

_____

정답: There's nothing better than a good friend.

34

I don't care ~

~ 하든 상관없어 / ~ 에 신경 안 써

무언가에 관심이 없거나 아무런 감정을 느끼지 않을 때 사용하는 패턴이에요. 무관심 즉 indifference를 표현할 때 사용하는 만큼 민감한 주제에는 사용하지 않는 게 좋아요. 한국어에서와 마찬가지로 영어에서도 이 패턴은 경우에 따라서 상대방의 기분을 상하게 할 수도 있어요. I don't care 뒤에는 5W1H(who/what/where/when/why/how), 즉 육하원칙과 함께 관심이 없는 이유나 대상을 넣어주면 됩니다.

그 외에도 if/whether 또는 'about + 명사' 등을 사용하여 만약의 상황이나 다양한 경우 등에 대해서도 개의치 않는다는 표현을 할 수 있어요.

---

1. I don't care what she thinks.
   그녀가 무슨 생각을 하든 상관없어.

2. I don't care about having a fancy car.
   나는 고급 차를 갖고 있는 것에 대해 신경 안 써.

3. I don't care if it rains tomorrow. I'm going.
   내일 비가 와도 상관없어. 나는 갈 거야.

4. I don't care what we do this weekend.
   우리가 이번 주말에 무엇을 하든 상관없어.

5. I don't care where we go for dinner.
   우리가 어디서 저녁을 먹든 신경 안 써.

A: Are you sure you want these tiles for the bathroom? They're quite expensive.

이 타일을 욕실에 설치하고 싶은 게 확실하신가요? 꽤 비싼데요.

B: I don't care how much they cost.

얼마가 들든지 상관없어요.

A: Okay, but this might put you over budget.

알겠어요. 하지만 이것으로 예산을 초과할 수도 있어요.

TIP

이 패턴 뒤에 for가 온다면 의미가 살짝 달라져요.
'I don't care for~'라고 하면 '난 ~에 관심 없어' 또는
'~은 별로 안 좋아해'라는 의미거든요. 그래서
"I don't care for tea. I only drink coffee."라고 하면
"난 차는 별로야. 나는 커피만 마셔"라는 의미가 돼요.

◀ 연습 문제 ▶

나는 과거는 신경 안 써.

35

I'm not a big fan of ~

~을 별로 좋아하지 않아

별로 좋아하지 않거나, 관심이 거의 없는 것들에 관해 말할 때 사용하는 패턴이에요. 주로 생활영어에서 많이 사용하고, 공식적이거나 예의를 갖춘 자리에서는 사용하지 않아요. 그렇지만 단순히 'I don't like ~'이라는 표현을 사용해서 '~을 좋아하지 않아'라고 말하는 것보다는 좀 더 유한 표현이에요. 그리고 패턴에 big을 넣은 경우와 넣지 않은 경우에도 의미 차이가 생겨요. 예를 들어 "I'm not a fan of cats."라고 하면 "고양이에 관심이 없어" 정도의 의미지만, big을 넣어 "I'm not a big fan of cats."라고 하면 "고양이를 별로 좋아하지는 않지만 괜찮기는 해"라는 의미가 됩니다.

---

1. **I'm not a big fan of** raspberries.
   나는 산딸기를 별로 좋아하지 않아.

2. **I'm not a big fan of** surprise parties.
   나는 깜짝 파티를 별로 좋아하지 않아.

3. **I'm not a big fan of** amusement parks.
   나는 놀이공원을 별로 좋아하지 않아.

4. **I'm not a big fan of** horror movies.
   나는 공포 영화를 별로 좋아하지 않아.

5. **I'm not a big fan of** playing video games.
   나는 비디오 게임을 별로 좋아하지 않아.

A: Do you want to borrow this book for your vacation? I really liked it.

휴가 때 이 책 빌려줄까? 나는 정말 좋았어.

B: Hmm... Thanks, but I'm not a big fan of fiction.

흠…. 고마워. 하지만 나는 소설은 별로 좋아하지 않아.

A: You're going to miss out. This book is so good!

아쉬울 텐데. 이 책 정말 좋거든!

TIP

누군가 당신에게 "이거 좋아해, 안 좋아해?"라고 물어봤을 때,
좋아한다면 "Yes, I'm a big fan."이라고 답하고,
별로 좋아하지 않는다면 "No, I'm not a big fan."이라고
하면 됩니다. 만약에 정말 너무 좋아하는 것이라면
"Yes, I'm a huge fan."이라고 하면 돼요.

◀ 연습 문제 ▶

나는 인도 음식을 별로 좋아하지 않아.

36

I'm too lazy to ~
~하기 너무 귀찮아 / ~하기에는 너무 게을러

노력이 많이 필요한 활동이나 일을 하기 귀찮을 때 '나는 ~하기 너무 귀찮아'라는 의미로 사용하면 돼요. 게을러서 무언가를 하기 싫다는 건 그렇게 좋은 말은 아니니까 당연히 공적인 자리에서 쓰면 안 되고, 속마음을 털어놓을 수 있는 가까운 지인이나 친구 또는 가족에게만 쓰는 게 좋아요. 경우에 따라서는 무언가 하기 싫은 일이 있을 때 약간의 농담을 섞어서 핑계로 사용하기도 해요. 제가 제 친구에게 같이 운동하러 가자고 권유하면 그 친구는 항상 "I'm too lazy to breathe(숨 쉬는 것도 귀찮아)"라고 대답하거든요.

이 패턴은 'I'm too lazy to + 동사' 형태로 사용하면 돼요.

---

1. **I'm too lazy to go out tonight.**
   오늘 밤에 밖에 나가기 너무 귀찮아.

2. **I'm too lazy to work out with you.**
   너랑 같이 운동하기에는 너무 귀찮아.

3. **I'm too lazy to organize my desk.**
   내 책상을 정리하기 너무 귀찮아.

4. **I'm too lazy to get up early on the weekend.**
   주말에 일찍 일어나는 건 너무 귀찮아.

5. **I'm too lazy to walk to work even though it isn't very far.**
   회사까지 그렇게 멀지 않은데도 걸어가기는 너무 귀찮아.

A: Do you have any ideas for dinner?

저녁 뭐 먹을지 생각했어?

B: I'm too lazy to cook tonight. Let's get some takeout.

오늘 저녁에는 요리하기 너무 귀찮아. 포장해 오자.

A: That sounds good to me!

그래, 그게 좋겠다.

TIP

게으른 게 아니라 무언가를 하기에는 너무 피곤하다면
'I'm too tired to ~' 패턴을 사용해보세요.
"I'm too lazy to wash the dishes
(설거지하는 거 귀찮아)."라고 하는 것보다
"I'm too tired to wash the dishes
(설거지하기에는 너무 피곤해)."라고 하는 것이 좀 낫잖아요.

◀ 연습 문제 ▶

내 방 청소하는 거 너무 귀찮아.

정답: I'm too lazy to clean my room.

37

I can't stand ~

~을 견딜 수 없어 / ~을 참을 수 없어

극도로 싫어하는 감정을 나타내는 패턴이에요. 'I hate ~'가 '나는 ~가 싫어' 정도의 부정이라면 'I can't stand ~'는 '너무 싫어서 도저히 견딜 수 없어' 정도의 강한 부정입니다. 이 패턴 뒤에는 명사, to + 동사, 동명사 등이 다양하게 올 수 있는데, 명사를 쓰면 'I can't stand her(그녀를 참을 수가 없어).과 같이 사람에게도 사용할 수 있어요. 나랑 너무 안 맞아서 도저히 같이 못 있겠다 싶을 때 사용하면 됩니다. 그리고 같은 내용을 'to + 동사' 또는 '동명사'를 넣어서 표현할 수도 있는데, "I can't stand to see her like this."와 "I can't stand seeing her like this."는 둘 다 "그녀의 이런 모습을 참을 수 없어"란 뜻이 됩니다.

1. **I can't stand** humid weather.
   나는 습한 날씨를 참을 수가 없어.

2. **I can't stand** crowded places.
   나는 사람 많은 곳을 참을 수가 없어.

3. **I can't stand** working in an office.
   나는 사무실에서 일하는 것을 견딜 수가 없어.

4. **I can't stand** the smell of cigarette smoke.
   나는 담배 냄새를 참을 수가 없어.

5. **I can't stand** people who are always late.
   나는 항상 늦는 사람들을 견딜 수가 없어.

A: Could you please turn that down? I can't stand loud music when I'm working.

소리 좀 줄여 주시겠어요? 일할 때 음악 소리가 큰 걸 견딜 수가 없네요.

B: Sorry, I didn't know.

미안해요. 몰랐어요.

A: Actually, could you just use your headphones instead?

저, 그냥 헤드폰을 써주시겠어요?

> TIP
>
> 이 패턴은 사람, 사물, 환경 등 다양한 경우에 사용할 수 있지만
> '나는 ~일 때(경우) 참을 수가 없어'와 같이
> 특정한 상황이나 조건을 표현하고 싶을 때는
> 'I can't stand it when + 조건'을 사용하면 돼요.
> "I can't stand it when you interrupt me."라고 하면
> "네가 내 말을 막으면 참을 수가 없어"란 뜻이 됩니다.

◀ 연습 문제 ▶

나는 모기들을 견딜 수가 없어.

정답: I can't stand mosquitoes.

38
I'm sick of ~
~가 지긋지긋해

sick은 아프다는 뜻인데요. 'sick of ~'라고 하면 오랜 시간 나를 귀찮게 해서 아플 정도로 '지긋지긋하다' 또는 '질렸다'라는 의미가 됩니다. 앞에서 배운 'I can't stand ~'는 현재 참을 수 없이 싫다는 의미고, 'I'm sick of ~'는 그동안 참을 만큼 참았는데 이제 더는 못 참겠다는 뜻입니다. 무언가 변화가 필요하거나 대책을 세워야 할 때 많이 등장하는 표현이에요. 여기서 한 단계 더 업그레이드된 분노와 고통을 표출하고 싶다면 'I'm sick and tired of ~' 패턴을 사용하면 됩니다(예문 5번 참조).

'I'm sick of + 명사' 또는 'I'm sick of + (목적어) + 동사ing' 형태로 사용할 수 있어요.

1. **I'm sick of** this mess.
   나는 이 난장판이 지긋지긋해.

2. **I'm sick of** his attitude.
   나는 그의 태도가 지긋지긋해.

3. **I'm sick of** him always being late.
   그가 항상 늦어서 지긋지긋해.

4. **I'm sick of** this long winter.
   나는 이 긴 겨울이 지긋지긋해.

5. **I'm sick and tired of** your excuses.
   나는 너의 변명에 질렸어.

A: **I'm sick of** living paycheck to paycheck.

나는 하루 벌어 하루 근근이 사는 게 지긋지긋해.

B: Why don't you budget your spendings?

예산을 짜서 지출을 잘 관리해보면 어때?

A: You're right. I think I also need a side hustle.

네 말이 맞아. 부업도 해야 할 것 같아.

◀ 연습 문제 ▶

나는 이 노래 듣는 게 지긋지긋해.

_____

_____

정답: I'm sick of hearing this song.

39 I'm worried about ~

나는 ~이 걱정돼

해석 그대로 걱정이나 고민이 있을 때 사용하는 패턴이에요. 뒤에 명사를 넣는지, 명사절을 넣는지에 따라서 의미가 달라집니다. 예를 들어 "I'm worried about my job."과 "I'm worried about losing my job."을 비교해볼게요. 첫 번째 문장은 직역하면 "내 직장/직업이 걱정돼"라는 의미이고, 두 번째 문장은 "내 직장/직업을 잃을까 봐 걱정돼"라는 의미예요.

그리고 보통 우리가 걱정하는 일들은 아직 실제로 일어나지 않은 게 많잖아요. 이럴 때는 패턴 뒤에 that을 붙여서 말하면 됩니다. "I'm worried that we won't have anything to do(할 일이 없을까 봐 걱정돼)"처럼요.

1. **I'm worried about** you.
   나는 네가 걱정돼.

2. **I'm worried about** missing the deadline.
   마감일을 못 맞출까 봐 걱정돼.

3. **I'm worried about** my grandfather's health.
   우리 할아버지의 건강이 걱정돼.

4. **I'm** really **worried about** the interview.
   인터뷰가 정말 걱정돼.

5. **I'm worried about** what they will think.
   그들이 어떻게 생각할지 걱정돼.

A: I'm leaving for the airport tomorrow around 9 a.m.

나는 내일 오전 9시에 공항으로 출발할 거야.

B: That's really early! Your flight isn't until the afternoon.

정말 일찍 가네! 네 항공편은 오후에 출발하잖아.

A: Well, I'm worried about getting stuck in traffic on the way there.

음, 거기 가는 길에 차가 막힐까 봐 걱정돼서.

> **TIP**
>
> '걱정스럽다', '우려된다'라는 말을
> 영어로 조금 더 고급스럽게 말하고 싶다면
> 'I'm concerned about ~'이라고 해보세요.
> 보통 발표를 하거나 공식적인 자리에서 많이 쓰이는 표현이에요.
> 이 패턴도 'I'm concerned about ~' 뒤에
> 명사나 명사절을 넣어서 쉽게 문장을 만들 수 있어요.

◀ 연습 문제 ▶

나는 늦을까 봐 걱정돼.

_____

_____

정답: I'm worried about being late.

40

I'm sorry about ~

~에 대해서 미안해 / ~에 대해 유감이야

이 패턴은 '미안해'와 '유감이야'라는 중의적인 의미가 있어요. 미국 드라마 〈CSI(과학수사대)〉를 보셨다면 한 번쯤 들어보셨을 거예요. 살인사건 후에 경찰이 피해자 집에 가서 "I'm sorry about your loss(조의를 표합니다)."라고 할 때는 슬픔을 공감하는 의미로 사용돼요. 이 경우에는 경찰의 잘못은 없지만, 상대방이 아픔을 겪고 있으니 유감을 표현하는 거예요. 그리고 또 다른 의미는 우리가 잘 알고 있는 것처럼 잘못을 했을 때 사과하는 것입니다. 예를 들어 친구 집에 놀러 가서 실수로 음료나 음식을 쏟았을 때 "I'm sorry about the mess."라고 하면 "어질러서 미안해"라는 뜻이 됩니다.

---

1. **I'm sorry about** that.
   미안해. / 유감이에요.

2. **I'm sorry about** the confusion.
   혼란을 끼쳐서 죄송합니다.

3. **I'm sorry about** forgetting your birthday.
   네 생일을 잊어버려서 미안해.

4. **I'm sorry about** your accident.
   당신의 사고는 유감이에요.

5. **I'm sorry about** what happened to you.
   당신에게 있었던 일은 유감이에요.

A: The train was supposed to leave 10 minutes ago.
기차가 10분 전에 출발했어야 하는데요.

B: **We're sorry about** the delay. We're having some mechanical problems.
지연되어서 죄송합니다. 기계적인 문제가 있어서요.

A: Well, I hope you guys get them resolved soon.
저런, 빨리 해결됐으면 좋겠네요.

TIP

안 좋은 소식이나 소문을 들었을 때는
'I'm sorry to hear about ~(~ 소식을 들었는데, 유감이야)'
패턴을 사용해보세요. 예를 들어
친구의 할아버지가 돌아가셨다는 소식을 건너 건너 들었다면,
"I'm sorry to hear about your grandfather
(너희 할아버지 소식 들었는데, 유감이야)."라고
애도를 표할 수 있습니다.

◀ 연습 문제 ▶

막바지에 요청해서 죄송해요.

정답: I'm sorry about the last-minute request.

의견이나 감정을 표현하는 방식도 달라요

캐나다에서 24년, 한국에서 14년을 살면서 깨달은 건 문화권마다 의견이나 감정을 표현하는 방식이 매우 다르다는 것이었어요. 어느 쪽이 더 좋거나 맞는 게 아니라 단지 방식의 차이인데, 로마에 가면 로마법을 따르라고 했으니 외국에 나가면 외국인들의 방식으로 의견이나 감정을 표현하는 게 좋겠죠. 그래야 오해도 줄고, 사회생활도 쉬워지고, 친구도 많이 사귀니까요. 그리고 무엇보다도 사람들의 행동 방식을 이해하게 될 거예요.

1. 우리가 보통 "어떻게 생각해?"라고 질문할 만한 상황이라면, 영어에서는 "How do you feel about it?"이라고 해요. '생각'보다는 '감정'이 중시된다는 걸 알 수 있죠. 특히 북미에서 이런 성향이 두드러져요.

2. 앞서 말했듯이 한국어에서는 격식이나 공손함을 존댓말로 표현하는데 반해, 영어에는 어떤 단어와 톤을 선택하느냐에 따라서 얼마나 예의 있는지가 결정됩니다.

3. 영어권 네이티브는 안 좋은 것은 안 좋다고, 못 하는 것은 못 한다고 (부드럽지만) 확실하게 표현해요. 가령 초대에 거절할 때도 "참석이 어렵습니다" 또는 "못 갈 것 같습니다"라고 하기보다는 "I'm sorry, but I can't make it(미안하지만, 못 갈 것 같아)"라고 부드럽지만 확실히 알려주는 편이에요. 단칼에 거절당했다고 실망하지 마세요. 문화적 차이일 뿐이니까요.

3

질문과
확인

41

How come ~?

어쩌다 ~했어? / 왜 ~해?

어떤 일이 왜 일어났는지, 어쩌다 이렇게 되었는지 궁금하다면 이 패턴을 사용해보세요. How come은 어쩌다 그렇게 되었냐는 뜻으로 Why와 같은 의미인데 구어체에서만 사용합니다. 즉 글에서는 How come이라고 하면 안 되고 꼭 Why를 써야 한다는 말입니다. Why와 How come의 가장 큰 차이는 뒤에 따라오는 어순이에요. 그리고 How come은 질책과 불만이 포함된 경우가 많아서 뒤에 보통 부정적인 문장들이 따라와요.

- How come + 주어 + 동사: "How come you were late(어쩌다 늦었어)?"
- Why + 동사 + 주어: "Why were you late(왜 늦었어)?"

1. How come the drugstore is closed already?
   왜 약국이 벌써 문을 닫았나요?

2. How come the coffee machine isn't working?
   왜 커피 머신이 작동하지 않는 거죠?

3. How come no one told me that?
   왜 아무도 나한테 그 말을 안 해줬어?

4. How come the report isn't finished yet?
   왜 보고서가 아직도 안 끝난 거죠?

5. How come you never come on time?
   왜 너는 항상 제시간에 오지 않는 거야?

A: I called you this morning. How come you didn't call me back?

내가 오늘 아침에 전화했었어. 왜 너는 다시 전화하지 않은 거야?

B: Sorry, I was really busy. What did you need?

미안해, 정말 바빴어. 뭐가 필요했던 거야?

A: I wanted your opinion on something urgent.

급한 일이 있어서 너의 의견을 묻고 싶었어.

> TIP
>
> 이 패턴은 뒤에 주어 동사를 붙이지 않고
> 'How come?'만 사용해도 돼요.
> 가령 상대방이
> "I need to leave early today(나 오늘 일찍 출발해야 해)."라고
> 하면 "왜?"라는 말에 약간의 불만과 질책을 담아서
> "How come?"이라고 되물어볼 수 있어요.

◀ 연습 문제 ▶

왜 그 콘서트가 취소된 거야?

정답: How come the concert was canceled?

42

When did you ~?

언제 ~했어?

이 패턴은 언제 특정 사건이 일어났는지 알고 싶을 때 사용해요. 이 패턴을 사용해서 간단하게 "When did you do this(너 이거 언제 했어)?"라고 할 수 있죠. 상대방이 사건이 일어난 시점을 알고 있다는 가정하에 사용하는 표현이에요.

네이티브는 'When did you ~?'를 종종 축약해서 빠르게 발음해요. 그러니 연습할 때 "When'd you[웬쥬]"라고도 해보세요.

이 패턴은 'When did you + 동사' 형태로 사용하면 됩니다.

---

1. **When did you** start your business?
   언제부터 사업을 시작했어?

2. **When did you** join that *gym?
   그 헬스장에 언제 등록했어?

3. **When did you** move to London?
   언제 런던으로 이사했어?

4. **When did you** first notice these symptoms?
   이런 증상들을 언제 처음 느꼈어?

5. **When did you** decide to change your career?
   언제 직업을 바꾸기로 결심했어?

---

* gym: 헬스장, 체육관

A: **When did you** get back from your vacation?

언제 휴가에서 돌아왔어?

B: A few days ago.

며칠 전에.

A: I hope you had a great time!

좋은 시간 보냈기를 바라!

◀ 연습 문제 ▶

언제 결혼했어?

_____

_____

정답: When did you get married?

43 Are you sure ~?

~가 확실하니?

이번 챕터에서는 confirmation(확인)에 관련된 패턴들을 알아보고 있는데요, 확인을 하는 가장 근본적이고 확실한 질문 중 하나로 상대방이 준 정보를 재차 확인하는 'Are you sure ~(~가 확실하니)?' 패턴이 있어요. 이 패턴은 특히 상대방이 잘못 알고 있는지 의심스러울 때 많이 사용하는데, '너 정말 확실한 거니? 다시 한번 확인해보지 그래?'라는 의미가 함축되어 있어요. 물론 이 표현을 쓰면 상대방도 자신이 의심받고 있다는 걸 알아요. 그래서 이 표현은 누구에게 쓸지, 어떤 톤으로 쓸지 등에 주의해야 해요.

이 패턴 바로 뒤에는 that을 넣을 수도 있고 생략할 수도 있어요.

1. **Are you sure** the train leaves at 9?
   기차가 9시에 출발하는 게 확실하니?

2. **Are you sure** you packed the sunscreen?
   선크림 챙긴 게 확실하니?

3. **Are you sure** this is the right street?
   이 길이 맞는 게 확실하니?

4. **Are you sure** that we have enough money in our account?
   우리 계좌에 돈이 충분히 있는 게 확실하니?

5. **Are you sure** we can bring our own snacks into the movie theater?
   우리가 영화관에 외부 음식을 가져갈 수 있는 게 확실하니?

A: Are you sure the grocery store is still open?

식료품점이 아직 열려 있는 게 확실해?

B: Yes, their website says they don't close until 11 p.m.

응, 홈페이지에는 밤 11시까지 문을 닫지 않는다고 나와 있어.

A: That's later than I expected.

생각보다 늦게까지 하네.

◀ 연습 문제 ▶

도움이 필요 없는 게 확실해?

정답: Are you sure you don't need help?

44

I need to check if ~

~인지 확인해봐야 해

앞에서 배운 "Yes, I'm sure."와는 반대로 확신이 없고 다시 확인해 봐야겠다는 생각이 든다면, 이 패턴을 사용하는 게 좋아요. "확실해요"라고 할 수 있는 경우보다는 "확인해 봐야겠어요"라고 하는 경우가 더 많은 만큼 이 패턴은 자주 사용돼요. 여기서 checking(확인)을 한다는 것은 내가 몰라서 물어보는 게 아니라, 이미 알고 있는 정보가 맞는지 다시 한번 확인한다는 의미예요. 그래서 만약에 뭔가를 모른다면 'I need to check'보다는 'I need to ask(몰라서 물어봐야 해)' 패턴을 쓰는 게 좋아요. 그리고 둘 중 뭔지 확인하는 거라면 'I need to check whether A or B(A인지 B인지 확인해봐야 해)'를 쓰면 됩니다.

1. **I need to check if our flight has been delayed.**
   우리 비행기가 연착되었는지 확인해봐야 해.

2. **I need to check if I can use this coupon.**
   이 쿠폰을 사용할 수 있는지 확인해봐야 해.

3. **I need to check if Oliver can work this weekend.**
   올리버가 이번 주말에 일할 수 있는지 확인해봐야 해.

4. **I need to check if the package arrived.**
   소포가 도착했는지 확인해봐야 해.

5. **I need to check if the app works on my phone.**
   그 앱이 내 핸드폰에서 작동하는지 확인해봐야 해.

A: Are you ready to submit the report?

보고서 제출할 준비됐어요?

B: Not quite yet. I need to check if the figures are correct.

아직 안 됐어요. 수치들이 맞는지 확인해봐야 해요.

A: Okay, let me know when it's done.

알겠어요. 다 되면 알려줘요.

◀ 연습 문제 ▶

나한테 문자 온 거 있는지 확인해봐야 해.

_____

_____

정답: I need to check if anyone texted me.

45

Is it true that ~?

~가 사실이야?

소문을 듣고 이게 정말 사실일까 궁금한 적 있죠? 또 신문이나 뉴스에서 믿기 어려운 놀라운 기사를 읽고 이게 진짜일까 생각해본 적도 있을 거예요. 그럴 때 이 패턴을 쓰면 됩니다. 저도 최근에 스승의 날 꽃을 살 일이 있었는데, 학교 앞 문방구에서 꽃을 팔더라고요. 깜짝 놀라서 "Is it true that you sell flowers here(여기서 꽃을 파는 게 사실인가요)?"라고 했어요. 그 외에도 뒷담화나 음모론 등을 확인할 때 쓰면 좋아요.

이 패턴은 'Is it true that + 주어 + 동사?' 형태로 쓸 수 있습니다.

---

1. **Is it true that** Serina is pregnant again?
   세리나가 또 임신했다는 게 사실이야?

2. **Is it true that** Theo is quitting his job?
   테오가 일을 그만둔다는 게 사실이야?

3. **Is it true that** carbs are bad for you?
   탄수화물이 몸에 나쁘다는 게 사실이야?

4. **Is it true that** cellphones cause cancer?
   핸드폰이 암을 유발한다는 게 사실이야?

5. **Is it true that** you don't know how to ride a bicycle?
   네가 자전거를 탈 줄 모른다는 게 사실이야?

A: **Is it true that** you're leaving the company?

네가 회사를 그만둔다는 게 사실이야?

B: Yeah, unfortunately. It was a hard decision.

응, 안타깝게도. 그것은 어려운 결정이었어.

A: That's so sad to hear. You'll be sorely missed.

너무 아쉽네. 네가 정말 그리울 거야.

TIP

대답하고 싶지 않은 질문을 받았을 때는
"I'd rather not say(말하지 않는 게 낫겠어)."라고 대답해보세요.
본인 말고 다른 사람과 관련한 소문이라면
"I'm not at liberty to say(내가 말할 입장이 아니야)."라고
하는 것도 괜찮아요.

◀ 연습 문제 ▶

파티가 취소됐다는 게 사실이야?

_____

_____

정답: Is it true that the party has been canceled?

46

Can you give me more info on ~?

~에 대해 좀 더 자세히 알려줄 수 있어?

지금까지 배웠던 패턴 중에 가장 긴 패턴이 등장했네요. 나눠서 살펴볼게요.

Can you	give me	more	info	on	~?
할 수 있어?	나에게 주다	더 많은	정보를	관해서	~?

'~에 관해서 나에게 더 많은 정보를 줄 수 있어?', 즉 '~에 대해 좀 더 자세히 알려줄 수 있어?'란 뜻이에요. 정보를 의미하는 information을 줄여서 info라고 썼어요. 공적인 자리에서는 줄이지 말고 information이라고 쓰는 게 좋아요. 이 패턴은 내가 이미 좀 알고는 있지만, 상대방에게 더 많은 정보를 요구할 때 쓰면 됩니다. 패턴 뒤에 명사나 명사절이 온다는 점 참고하세요.

---

1. **Can you give me more info on** the summer sale?
   여름 세일에 대해 더 많은 정보를 줄 수 있나요?

2. **Can you give me more info on** joining this gym?
   이 헬스장에 등록하는 것에 관해 더 많은 정보를 줄 수 있나요?

3. **Can you give me more info on** your delivery service?
   당신의 배달 서비스에 관해 더 많은 정보를 줄 수 있나요?

4. **Can you give me more info on** your services?
   당신의 서비스와 관련해서 정보를 더 주실 수 있나요?

5. **Can you give me more info on** the venue?
   그 행사장에 대해 더 많은 정보를 줄 수 있나요?

A: Thanks for visiting the museum. How can I help you?

박물관을 방문해주셔서 감사합니다. 무엇을 도와드릴까요?

B: I'm thinking about becoming a member. Can you give me more info on the membership options?

회원가입을 할 생각이에요. 멤버십 종류에 대해 더 많은 정보를 줄 수 있나요?

A: I sure can.

물론 드릴 수 있어요.

◀ 연습 문제 ▶

당신 가게의 반품 정책에 관해 더 많은 정보를 줄 수 있나요?

정답: Can you give me more info on your store's return policy?

47

What's the deal with ~?

~던데 어떻게 된 거야? / ~에 무슨 일이야?

이 패턴 또한 더 많은 정보를 요구할 때 사용하지만, 항상 쓸 수 있는 건 아니고 크게 두 가지 경우에 사용할 수 있어요. 하나는 문제가 발생했을 때나 무언가 잘못되었을 때 '일이 어떻게 된 거야?'라는 의미로 사용하는 거예요. 예를 들면 "What's the deal with the 'Out of Order' sign on the elevator(엘리베이터에 고장 사인이 붙어 있던데, 어떻게 된 거야)?"와 같은 경우죠. 또 다른 경우는 무언가 이상한 낌새가 있을 때나 예상치 못한 변화가 있을 때 '이게 무슨 일이야'?'의 의미로 사용하는 거예요. 이 경우에는 주로 강한 호기심을 표현해요.

1. **What's the deal with** your hair today?
   너 오늘 헤어스타일에 무슨 일 있었어? → 헤어스타일 왜 그래?

2. **What's the deal with** that new girl?
   저 새로 온 여자 어떻게 된 거야? → 새로 온 여자 왜 저래?

3. **What's the deal with** raising the entrance fee?
   입장료를 올리다니 무슨 일이래?

4. **What's the deal with** standing me up last night?
   어젯밤에 나를 바람맞히다니 무슨 일이야?

5. **What's the deal with** having so many meetings this week?
   이번 주에 회의가 이렇게 많다니 어떻게 된 거야?

A: **What's the deal with** you and Charlotte?

살롯이랑 무슨 일이야?

B: What do you mean?

무슨 뜻이야?

A: You didn't say one word to each other at the party.

파티에서 서로 한마디도 안 했잖아.

TIP

"What's the deal with Dwight?"은

1) Dwight가 무례한 꼰대인 경우

　'Dwight, 쟤는 왜 저렇게 무례해?'라는 의미가 될 수도 있고,

2) Dwight가 키 크고, 잘생긴 매너남일 경우

　'아니 저런 훈남이 어디서 나타난 거야? 여자 친구는 있대?'라는

　의미로 해석될 수도 있습니다.

◀ 연습 문제 ▶

이 컴퓨터는 어쩌다 이렇게 느려진 거야?

정답: What's the deal with this slow computer?

48

Do you know why ~?

왜 ~인지 알아?

원인과 이유를 물어볼 때 사용하는 패턴이에요. 물론 간편하게 "Why~(왜 그런 거야)?"라고 물어볼 수도 있지만, 너무 직접적이라 듣는 사람이 다소 부담스러울 수 있어요. 그러니 살짝 돌려서 'Do you know why ~(네가 모를 수도 있지만, 혹시 왜 ~인지 알아)?'라고 물어보는 게 좋아요. 이 패턴을 쓸 때는 why 자리에 who, where, when, what, which, how 등의 단어를 넣어 물어보면, 상대방에게 더 많은 정보를 얻을 수 있어요.

'Do you know why + 주어 + 동사?' 형태로 사용하면 되고, 동사의 시제는 크게 상관없습니다.

1. **Do you know why** the show was canceled?
   그 쇼가 왜 취소되었는지 알아?

2. **Do you know why** this machine won't turn on?
   이 기계가 왜 켜지지 않는지 알아?

3. **Do you know why** the concert hasn't started yet?
   왜 콘서트가 아직 시작되지 않았는지 알아?

4. **Do you know why** Katie is upset?
   케이티가 왜 화났는지 알아?

5. **Do you know why** the parking lot was so full this morning?
   오늘 아침에 주차장이 왜 이렇게 꽉 찼는지 알아?

A: **Do you know why** Anna isn't here today?
안나가 오늘 왜 여기 안 왔는지 알아?

B: She's taking the whole week off for her trip to Singapore.
그녀는 싱가포르로 여행을 가서 이번 주 내내 휴가야.

A: Oh, I forgot about that.
아, 잊고 있었어.

◀ 연습 문제 ▶

왜 도로가 폐쇄되었는지 알아?

_____

_____

정답: Do you know why the road is closed?

49

Where'd you get ~?

~은 어디서 샀어? / ~은 어디서 났어?

이 패턴에는 크게 두 가지 의미가 있는데요, 하나는 상대방의 가방이나 옷, 신발 등이 좋아 보여서 나도 사야겠다는 순수한 의도로 구매처를 묻는 것입니다. 예) Where'd you get that hat(그 모자 어디서 샀어)?

다른 하나는 약간 불순한 의도로 '이걸 갑자기 어디서 났어? 네가 이런 걸 구할 능력이 안 될 것 같은데'라는 의미예요. 예) Where'd you get all this money(이 돈은 다 어디서 났어)?

대화의 문맥과 톤에 따라 의미가 달라지니 유의하시기 바라요.

'Where'd'는 'Where did'의 줄임말이에요.

1. **Where'd you get** that coffee?
   그 커피는 어디서 샀어?

2. **Where'd you get** your handbag? I love it.
   네 핸드백 어디서 샀어? 너무 맘에 든다.

3. **Where'd you get** your degree?
   네 학위는 어디서 받았어?

4. **Where'd you get** this sofa? It's so beautiful.
   이 소파는 어디서 샀어? 너무 아름답다.

5. **Where'd you get** your sneakers?
   너 스니커즈 어디서 샀어?

A: **Where'd you get** that tumbler? I love it!
그 텀블러 어디서 샀어? 정말 마음에 든다!

B: I bought it online.
인터넷에서 샀어.

A: Could you send me the link?
링크 좀 보내줄래?

TIP

이 패턴은 구매처 외에도 서비스를 받은 장소나
사건/이벤트 등이 일어난 장소 등을 물을 때도 사용할 수 있어요.

Where'd you get your nails done?
손톱 어디서 했어?

스몰토크에도 많이 사용하는 패턴이니
친해지고 싶은 사람이 있다면 이 패턴을 사용해 질문을 해보세요.

◀ 연습 문제 ▶

그 꽃들은 어디서 샀어?

_____

_____

정답: Where'd you get those flowers?

50

Can you tell me ~?

~을 말해줄래?

이 패턴은 정보를 요청하는 기본적인 표현이지만 뒤에 오는 형식이 매우 다양해요.

1. Can you tell me + 명사/명사절?

2. Can you tell me + who/what/where/why/when/how/which + 주어 + 동사?

3. Can you tell me + about +명사?

4. Can you tell me + something about?

5. Can you tell me + anything about?

---

1. **Can you tell me your address?**
   네 주소를 말해줄래?

2. **Can you tell me how to turn this on?**
   이거 어떻게 켜는지 말해줄래?

3. **Can you tell me who is in charge?**
   누가 책임자인지 말해줄래?

4. **Can you tell me (something) about yourself?**
   너에 대해 좀 말해줄래?

5. **Can you tell me what was discussed in the meeting?**
   회의에서 논의된 내용을 말해줄래?

A: I'm glad you were able to see me on short notice, Dr. Baek.

백 박사님, 갑작스러운 요청에도 저를 만나주셔서 기뻐요.

B: Of course. Can you tell me what the problem is?

물론이죠(당연히 만나야죠). 무슨 일인지 말씀해 주시겠어요?

A: I have a sharp pain in my ankle.

발목에 심한 통증이 있어요.

◀ 연습 문제 ▶

집에 언제 올 건지 말해줄래?

Do I have to ~?

나 ~해야 해?

질문을 하나 해볼게요. "Oh dear, do I have to prepare the document?"는 무슨 뜻일까요? "이런, 내가 그 서류를 준비해야 해?"겠죠. 그런데 사실 이 문장은 문맥에 따라 다른 뉘앙스로 사용할 수 있어요.

1. 자신이 서류 준비를 해야 하는 건지 확인할 때(사실 확인)

2. 서류 준비를 하기 싫을 때(하기 싫은데 억지로 하는 경우)

이렇게 'Do I have to ~?'는 두 가지 의미를 내포하고 있어요. 아래 예문들이 단순히 본인이 해야할 일을 확인하는 건지, 아니면 하고 싶지 않은 일에 대한 불평인지 한번 생각해보세요.

1. Do I have to pay for parking here?
   여기에 차를 세우면 주차비를 내야 하나요?

2. Do I have to stay late again?
   또 늦게까지 있어야 하나요?

3. Do I have to show you my ID?
   제 신분증을 보여줘야 하나요?

4. Do I have to use this form every time?
   매번 이 양식을 사용해야 하나요?

5. Do I have to do everything around here?
   여기서는 제가 모든 것을 해야 하나요?

A: **Do I have to** lock the back door when I leave?

나갈 때 뒷문을 잠가야 하나요?

B: Don't worry about it. I'll do it on my way out.

걱정하지 마세요. 제가 나가는 길에 할게요.

A: Okay. See you tomorrow then.

알았어요. 그럼 내일 봬요.

TIP

사실 확인과 불평을 구분하는 팁을 하나 드릴게요.
문장 중간에 really가 등장한다면 대부분 불평이라고
생각하면 됩니다.

Do I really have to clean my room now?
진짜 내 방을 지금 치워야 해요?

◀ 연습 문제 ▶

내 전화기를 꺼야 해?

52

What happened to ~?
~에(게) 무슨 일이 있었어?

사람이나 사물, 장소 등에 무슨 일이 있었는지 확인하는 패턴이에요. 구어체에서는 물건이나 사람의 위치를 물어볼 때 사용하기도 해요. 가령 구어체에서 "What happened to Jason?"이라는 문장은 "제이슨에게 무슨 일이 있었어?"라는 뜻보다는 "제이슨 어디 갔어?"라는 의미로 쓰여요. 물건을 찾는 경우에도 "What happened to my charger?"는 "충전기가 어디 갔지?", "충전기 봤어?"의 의미로 쓰이지 "충전기에게 무슨 일이 있었어?"라는 뜻으로 쓰이는 건 아니에요.

이 패턴은 'What happened to + 명사/명사절' 형태로 쓰여요.

1. **What happened to** my computer?
   내 컴퓨터에 무슨 일이 생긴 거야?

2. **What happened to** your jacket? It's ripped!
   네 외투 어떻게 된 거야? 찢어졌잖아.

3. **What happened to** the coffee shop that was here before?
   전에 여기 있던 커피숍은 어디 갔어?

4. **What happened to** you? You used to be fun.
   네게 무슨 일이 있었던 거야? 전에는 재미있었잖아.

5. **What happened to** the cash I left on the counter?
   계산대에 두고 온 현금이 어디 간 거야?

A: **What happened to** the TV remote?

TV 리모컨은 어디 있는 거야?

B: I haven't seen it.

나는 못 봤는데.

A: It was just sitting on the sofa a minute ago.

조금 전에 소파 위에 있었는데.

◀ 연습 문제 ▶

코너에 있던 이탈리안 레스토랑은 어떻게 됐어?

_____

_____

정답: What happened to the Italian restaurant on the corner?

53

What do you mean by ~?

~이 무슨 뜻이야?

영어에서는 함축적인 의미가 있거나 중의적인 표현이 많기 때문에 행간의 의미를 잘 파악해야 해요. 대화 상대가 한 말 중에 그 의도가 불분명한 부분이 있다면 이 패턴 'What do you mean by ~(~이 무슨 뜻이야)?'를 사용해보세요. 'What do you mean by + 상대방이 한 말?'의 형식으로 사용하면 돼요. 정확한 인용을 위해서 상대방이 한 말이나 구절을 그대로 넣어주는 게 좋아요. 이 표현은 상대방 말의 숨은 의도나 중의적인 의미를 확인하는 것 외에도 모르는 단어나 이해되지 않는 부분이 있어서 간단히 확인하고 싶을 때 써도 좋아요.

---

1. **What do you mean by** that?
   그게 무슨 뜻이에요?

2. **What do you mean by** "unavailable"?
   '사용할 수 없다'라는 게 무슨 뜻이에요?

3. **What do you mean by** "*significant other"?
   '중요한 반쪽'이 무슨 뜻이에요?

4. **What do you mean by** that term?
   그 용어가 무슨 뜻이야?

5. **What do you mean by** "mediocre"?
   '보통이야'가 무슨 뜻이야?

---

* significant other: 남편, 아내, 애인 등을 지칭하는 말

A: Don't worry. I can help you with your work soon.

걱정하지 마. 내가 곧 네 일을 도와줄 수 있어.

B: **What do you mean by** "soon"?

'곧'이라니 무슨 뜻이야?

A: Within the next few days.

며칠 내로.

◀ 연습 문제 ▶

'독특하다'가 무슨 뜻이야?

54

Have you ever ~?

~해본 적 있어?

상대방에게 과거에 무엇을 해본 경험이 있는지 물어볼 때 쓰는 패턴이에요. 'Have you ever + p.p.?' 형태로 쓰이고, 평생 단 한 번이라도 해본 적이 있는지 물어보는 거예요. 언제 했는지 시기는 중요하지 않아요.

ever가 생략된 'Have you ~(~해봤어)?' 패턴도 많이 사용해요. 이건 최근에 해본 경험이 있는지를 물어보는 거예요. 이 패턴은 충고와 조언에 관한 표현과 자주 함께 쓰여요. 일단 경험해본 적이 있는지 물어보고, 있다면 어땠는지, 조언해줄 말이 있는지 자연스럽게 이어서 물어볼 수 있어요.

---

1. **Have you ever** been to Paris?
   파리에 가본 적 있어?

2. **Have you ever** flown first class?
   일등석에 타본 적 있어?

3. **Have you ever** heard of such a thing?
   그런 거 들어본 적 있어?

4. **Have you ever** read any of his books?
   그의 책 중에 읽어본 거 있어?

5. **Have you ever** seen that singer perform live?
   그 가수가 라이브로 공연하는 거 본 적 있어?

A: **Have you ever** thought about moving abroad?

해외로 이주하는 것에 대해 생각해본 적 있어?

B: Not really. Why do you ask?

아니. 왜 물어보는데?

A: I'm thinking of applying for a job in Canada.

캐나다에 있는 일자리에 지원할까 생각 중이거든.

TIP

이 패턴에는 간단하게 'Yes' 또는 'No'로만 답해도 돼요.
물론 좀 더 길게 대답하고 싶다면 'Yes, I've p.p.'
또는 'No, I haven't p.p. / No, I've never p.p.'라고
할 수도 있어요.

A: Have you ever been skydiving?

스카이 다이빙해본 적 있어?

B: Yeah, I've skydived before.

응. 전에 해본 적 있지.

◀ 연습 문제 ▶

레스토랑에서 일해본 적 있나요?

55

Since when did you ~?

언제부터 ~ 했어?

이 표현은 다양한 감정에 쓸 수 있지만, 대부분 부정적인 감정에 많이 쓰여요. 특히나 누군가가 여러분을 불편하게 하거나 화나게 했을 때 '네가 언제부터 그 랬니?'라는 어감의 비난으로 많이 사용해요. 예를 들어 평소 내 의견을 존중 하지 않던 사람이 갑자기 내 의견을 묻는다면 "Since when did you care about my opinion(네가 언제부터 그렇게 내 의견에 관심을 가졌니)?"이라고 할 수 있어요.

많은 경우 부정적인 상황에 쓰이지만 항상 그런 건 아니에요.

---

1. **Since when did you** start working out?
   언제부터 운동을 시작했어?

2. **Since when did you** care about my feelings?
   언제부터 내 감정을 신경 썼어?

3. **Since when did you** become such a good cook?
   언제부터 그렇게 요리를 잘하게 됐어?

4. **Since when did you** start wearing makeup?
   언제부터 화장을 시작했어?

5. **Since when did you** become an expert?
   언제부터 그렇게 전문가가 됐니?

A: Sorry, I can't eat that. I don't eat meat.

미안, 나는 그것을 먹을 수 없어. 나는 고기를 안 먹어.

B: Since when did you become a vegetarian?

언제부터 채식주의자가 됐어?

A: Ever since I watched this documentary.

이 다큐멘터리를 본 이후로 그래.

◀ 연습 문제 ▶

언제부터 힙합 음악을 좋아했어?

정답: Since when did you like hip-hop music?

56

You're telling me that ~?

설마 ~라고 하는 건 아니겠지?

이 패턴은 질문 형태를 하고 있지만, 무언가에 정말 충격적으로 깜짝 놀랐을 때 사용하는 표현이에요. 상대방에게 어떤 정보를 들었는데 이 정보의 사실 여부를 확인한다기보다는, 그 정보의 내용이 너무 충격적이라는 걸 보여주는 반응이죠. '뭐라고요? 지금 설마 ~하다고 하는 건 아니죠? 정말 믿을 수가 없네요'라는 느낌의 리액션을 할 때 좋아요. 상대방이 준 정보를 재확인하는 과정이기 때문에 'You're telling me that + 주어 + 동사?' 형태로 사용돼요. 경우에 따라서는 패턴 앞에 So를 붙여서 '그래서 지금 당신이 하는 말은…' 느낌의 문장을 만들기도 해요.

1. **You're telling me that** no one saw who caused the accident?
   설마 누가 사고를 냈는지 아무도 못 봤다는 건가요?

2. **You're telling me that** you knew about this all along?
   설마 네가 이 일에 대해 내내 알고 있었다는 건 아니겠지?

3. **You're telling me that** I'm getting another bonus?
   설마 내가 보너스를 또 받는 건 아니겠지?

4. **You're telling me that** you can't go now?
   설마 너 이제 와서 못 간다고 하는 건 아니겠지?

5. **You're telling me that** you want to see other people?
   설마 너 다른 사람들을 만나보고 싶다는 건 아니겠지?

A: The client decided not to sign the contract with us.

그 고객은 우리와 계약하지 않기로 했어요.

B: So, you're telling me that all of my work has been a waste?

그래서, 설마 제 모든 노력이 헛수고였다는 건 아니겠죠?

A: I'm afraid so.

안타깝지만 그런 것 같아요.

TIP

'You're telling me!'라는 숙어가 있어요.
네가 한 말에 전적으로 동의한다는 뜻이에요.

A: This construction noise is really annoying.
공사 현장 소음이 정말 짜증 나.

B: You're telling me!
그러게 말이야!

위에서처럼 상대방의 의견에 호응해줄 때 쓰면 됩니다.

◀ 연습 문제 ▶

설마 이 지갑이 가짜라는 것은 아니겠지?

정답: You're telling me that this wallet is fake?

57

The bottom line is ~

결론은 ~입니다

이 패턴은 보통 토론의 마지막에 여러분이 가장 중요하다고 생각하는 논점을 전달하는 방식이에요. 논의의 핵심을 한 줄로 요약하고 그 중요성을 강조할 수 있죠. 또한 누군가가 토론의 논점에서 벗어난 내용을 말했을 때 분위기를 전환하거나 사람들의 주의를 집중시키기 위해서도 사용할 수 있어요.

일반적으로 'The bottom line is (that) + 주어 + 동사' 형태로 많이 쓰이고, that은 넣거나 뺄 수 있어요. 토론이나 회의는 물론이고 각종 비즈니스 환경에서 유용하게 쓰이는 표현이에요. 예문은 일상생활에서 이 패턴을 사용할 수 있는 문장들로 준비해보았어요.

1. **The bottom line is that she wasn't honest with me.**
   결론은 그녀가 나에게 정직하지 않았다는 거야.

2. **The bottom line is some people never change.**
   결론은 어떤 사람들은 절대 변하지 않는다는 것이다.

3. **The bottom line is that family comes first.**
   결론은 가족이 우선이라는 것이다.

4. **The bottom line is that this approach isn't working.**
   결론은 이 접근법이 효과가 없다는 것이다.

5. **The bottom line is that we need to cut our spending.**
   결론은 지출을 줄여야 한다는 것이다.

A: I told you already. I can't miss this class. We have a test in 2 weeks!

내가 이미 말했잖아. 나는 이 수업을 빠질 수 없어. 우리 2주 후에 시험이야!

B: It's just one class. Why don't you see if there's a makeup class?

수업 하나일 뿐이잖아. 보충수업이 있는지 알아보는 게 어때?

A: Listen. The bottom line is that I'm not skipping this class.

잘 들어. 결론은 난 이 수업을 빠지지 않겠다는 거야.

> TIP
>
> 회계 분야에서 bottom line은 세금과 기타 비용을 제외한 순이익을 의미해요. 그러면 혹시 top line도 있을까요?
> 네, 있습니다. 회계에서 top line은 전체 매출을 의미해요.
> 손익계산서를 본 적 있는 분들은 아시겠지만
> top line(전체 매출)에서 시작해서 각종 비용과 세금을 빼면서
> bottom line(순이익)으로 내려가잖아요.
> 그 이미지를 생각하면 좋을 것 같아요.

◀ 연습 문제 ▶

결론은 공부를 더 열심히 해야 한다는 것이다.

58

It turns out ~
알고 보니 ~다

전에 생각했던 것이나 예상했던 것과 상반되는 새로운 정보를 발견했을 때 이 패턴을 사용할 수 있어요. '알고 보니 이러이러한 사실이 밝혀졌다' 또는 '알고 보니 실은 이러이러한 것으로 드러났다' 등 바뀐 정보를 전달할 때 사용하면 좋습니다. 그리고 잘못 알고 있었던 정보를 정정할 때도 사용할 수 있겠죠. '알고 보니 내가 틀렸더라'의 느낌으로요. 가령 "It turns out (that) there are still plenty of tickets available."이라고 하면 "나는 티켓이 거의 다 품절인 줄 알았는데, 알고 보니 아직 티켓이 많이 남아 있더라고"라는 의미가 돼요. 이 패턴은 'It turns out (that) + 주어 + 동사' 형태로 사용할 수 있어요.

1. **It turns out** that Stella and Bella are cousins.
   알고 보니 스텔라와 벨라는 사촌이었어.

2. **It turns out** that the parade is actually next week.
   알고 보니 퍼레이드는 사실 다음 주였어.

3. **It turns out** there is a monthly fee to use this website.
   알고 보니 이 웹사이트를 이용하려면 월 이용료가 있어.

4. **It turns out** that the apartment building doesn't allow pets.
   알고 보니 그 아파트는 반려동물을 허용하지 않아.

5. **It turns out** my phone was under the sofa this whole time.
   알고 보니 내 핸드폰이 계속 소파 밑에 있었던 거야.

A: See you at the party tomorrow!

내일 파티에서 보자!

B: I thought you had to work.

난 네가 일하는 줄 알았는데.

A: It turns out that Leo was able to cover my shift.

알고 보니 리오가 나 대신 교대 근무를 해줄 수 있다더라고.

◀ 연습 문제 ▶

알고 보니 추천서는 필요 없었어.

정답: It turns out that I don't need a reference letter.

59

That's exactly what ~

그게 바로 ~야

이 패턴은 다양한 맥락에서 사용할 수 있어요. 대표적인 예를 볼게요.

1. 다른 사람들이 무언가를 추측하고 있을 때: '그래, 네 추측이 맞아'란 의미

2. 내가 이미 들은 조언을 다른 사람이 또 해줄 때: '안 그래도 누구누구도 그렇게 말하더라'라는 의미

3. 다른 사람이 조언을 해줬는데 내가 이미 생각해본 것일 때: '나도 이미 고려해봤어'라는 의미

4. 자기의 예상이 딱 맞아 감탄할 때: '내가 옳았어'를 강조하는 의미

이 패턴은 'That's exactly what + 주어 + 동사' 형태로 사용해주세요.

---

1. **That's exactly what** friends are for.
   그게 바로 친구가 있는 이유지.

2. **That's exactly what** my sister said.
   그게 바로 내 여동생이 했던 말이야.

3. **That's exactly what** you need right now.
   그게 바로 지금 당장 너에게 필요한 거야.

4. **That's exactly what** we decided to do.
   그게 바로 우리가 진행하기로 결정한 내용이야.

5. **That's exactly what** I like about that show.
   그게 바로 내가 그 쇼에서 좋아하는 부분이야.

A: The weather is going to be really rainy this weekend.

이번 주말에 비가 정말 많이 올 것 같아.

B: That's exactly what I was afraid of. We'll have to cancel the picnic.

그게 바로 내가 두려워했던 거야. 소풍을 취소해야겠어.

A: What a shame.

아쉽다.

◀ 연습 문제 ▶

그게 바로 내 생각이야.

정답: That's exactly what I think.

60

What I'm trying to say is ~

내가 하고 싶은 말은 ~야

대화를 하다 보면 오해가 생길 때도 있고, 내가 하려던 말은 이게 아닌데 싶을 때도 있죠. 방금 한 말에 대해 부연 설명을 하거나, 잘못 전달한 걸 바로잡고 싶을 때 이 패턴을 사용하면 좋아요. 미국 드라마에 굉장히 자주 등장하는 표현이고, 실제로 네이티브도 많이 쓰는 표현입니다. 문맥에 따라서 '내가 하고 싶은 말은 ~야' 외에도 '내가 말하고자 하는 건 ~야', '그러니까 내 말은 ~야' 등으로 다양하게 해석할 수 있어요. 상대방이 의도적으로 내 말을 곡해하거나 잘 알지도 못하면서 나를 대변하려고 할 때 이 패턴을 사용해 내 입장을 짚어주세요. 'What I'm trying to say is (that) + 주어 + 동사' 형태로 사용하면 됩니다.

1. **What I'm trying to say is** that I can't let it go.
   내가 하고 싶은 말은 그냥 넘어갈 수 없다는 거야.

2. **What I'm trying to say is** that I made a mistake.
   내가 하고 싶은 말은 내가 실수를 했다는 거야.

3. **What I'm trying to say is** I don't think that will work.
   내가 하려는 말은 이게 제대로 돌아가지 않을 것 같다는 거야.

4. **What I'm trying to say is** that our methods are *outdated.
   제가 하고 싶은 말은 우리의 방식이 시대에 뒤처졌다는 거예요.

5. **What I'm trying to say is** that you shouldn't give up.
   그러니까 내 말은 너는 포기하면 안 된다는 거야.

* outdated: 시대에 뒤처진, 구식인

A: I guess listening to you would have saved me
a lot of trouble.

네 말을 들었으면 고생을 덜 했을 것 같아.

B: What do you mean?

무슨 뜻이야?

A: What I'm trying to say is that you were right!

그러니까 내 말은 네가 옳았다는 거야!

◀ 연습 문제 ▶

내가 말하고자 하는 건 내가 미안하다는 거야.

질문은 나쁜 게 아니에요

영어권 국가에서는 질문을 주고받는 게 아주 당연한 절차예요. 학교에서는 학생들에게 질문을 많이 하라고 권유하죠. 적극적으로 질문하는 친구들은 호기심이 많고 활동적인 친구들이라고 칭찬을 받아요.

회사에서도 마찬가지예요. 질문을 함으로써 업무를 더 정확히 잘 파악하고 세부 사항을 확인할 수 있기 때문에 상사에게도 적극적으로 질문할 수 있는 환경을 만들어주고, 질문을 잘하는 직원을 높이 평가해요. 모든 사람의 의견이 가치 있는 것으로 평가되고 질문은 언제든지 환영받는 분위기죠.

제 경험상 한국에서는 상사에게 질문을 하는 데 한계가 있고, 질문을 많이 하면 남몰래 비난받기도 하더라고요. 그래서 질문하는 걸 망설이고 어색해하게 되는 것 같아요.

하지만 영어로 대화하거나 미팅을 진행할 때는 확실하지 않은 부분들에 대해 질문을 하고, 질문을 받으면 명확하게 답변해주는 게 중요해요. 만약 내용이 명확하지 않은 부분이 있다면 챕터 3에서 배운 패턴들을 활용해서 세부 사항을 다시 한번 확인해주세요.

4

계획과
일정

61

What should we do ~?

우리 ~에 무엇을 할까?

특별한 날이나, 행사, 또는 특정 시간에 "우리 무엇을 할까?"라고 물어보는 패턴이에요. 'What should we do ~?' 패턴 뒤에는 in/on/at 등의 접속사를 넣고 날짜, 행사, 기간 등을 넣으면 돼요. 사실 여기서 제일 어려운 부분은 접속사를 고르는 것인데요, 물론 예외도 있지만 아래의 대략적인 구분을 알아두면 도움이 될 거예요.

- in: 아침, 점심 저녁, 달, 계절, 연도 등
- on: 요일, 날짜, 주말, 휴일 등
- at: 1시, 2시 등의 시간, 정오, at lunchtime(점심시간)과 같은 특정 시간

1. What should we do **in December?**
   우리 12월에 뭐 할까?

2. What should we do **in the summer?**
   우리 여름에 뭐 할까?

3. What should we do **in the evening?**
   우리 저녁에 뭐 할까?

4. What should we do **on Christmas Day?**
   우리 크리스마스 날 뭐 할까?

5. What should we do **at noon?**
   우리 정오에 뭐 할까?

A: **My parents should be here sometime before lunch.**
우리 부모님이 점심시간 전에 여기로 오실 거야.

B: **Let's take them out for lunch. What should we do in the afternoon?**
함께 나가서 점심 먹자. 우리 오후에는 뭐 할까?

A: **Why don't we take them to the beach?**
부모님 모시고 해변에 가는 게 어때?

◀ 연습 문제 ▶

우리 일요일에 뭐 할까?

정답: What should we do on Sunday?

62

Are you free ~?

~에 시간 있어?

계획이나 일정과 관련해 free가 등장하면 '스케줄에 아무것도 없다' 또는 '일정이 비어 있다'는 의미가 됩니다. 네이티브는 상대방과 만날 약속을 잡을 때 '너 ~에 시간 있어?', '이날 시간 돼?'라는 의미로 'Are you free ~?'를 많이 사용해요. 앞서 배운 패턴 'What should we do ~?'와 마찬가지로 'Are you free ~?' 뒤에 전치사 in/on/at을 붙이고, 날짜나 기간 등을 넣어서 물어보면 돼요. 파티나 이벤트의 경우에는 전치사 for를 사용해서 'Are you free + for + 행사?'라고 물어보면 되고요. 한 가지 특이한 점은 tomorrow, today, tonight, later, next week 등의 경우에는 전치사 없이 바로 사용해도 된다는 거예요.

1. **Are you free later?**
   나중에 시간 있어?

2. **Are you free for coffee?**
   커피 마실 시간 있어?

3. **Are you free at lunch?**
   점심때 시간 있어?

4. **Are you free on October 18th?**
   10월 18일에 시간 있어?

5. **Are you free either this weekend or next weekend?**
   이번 주말이나 다음 주말에 시간 있어?

A: Hey, are you free tomorrow night?

안녕, 내일 저녁에 시간 있어?

B: I have to go to my daughter's recital.

우리 딸 연주회에 가야 해.

A: Ah, I forgot about that. How about Friday night?

아, 잊고 있었네. 금요일 밤은 어때?

TIP

'Are you free ~?' 패턴은
일상생활에서 많이 쓰이는 격식 없는 표현이에요.
비슷한 의미인 'Are you available ~?'은
비즈니스 환경이나 전문적인 분위기에서 사용할 수 있는
좀 더 격식 있는 표현이에요.

◀ 연습 문제 ▶

모레 시간 있어?

63

What are you up to ~?

~에 뭐 하니? / ~에 뭐 할 거니?

스몰토크를 시작할 때 자주 등장하는 패턴으로 안부와 근황을 묻는 표현이에요. "Hey! What are you up to?"라고 인사처럼 많이 쓰기도 하지요. 하지만 계획이나 스케줄을 세울 때 이 패턴을 쓰면 가까운 미래의 특정한 날이나 시간에 무엇을 하는지 물어보는 거예요. 가까운 미래는 내일, 이번 주말, 다음 주, 퇴근 후, 점심 식사 후 등이에요. "What are you up to next year(내년에 뭐 할 거야)?(X)"처럼 먼 미래를 말할 때 사용하면 굉장히 어색한 표현이 돼요. 친구나 가족과 편하게 대화할 때 사용하는 게 좋고, 회사나 격식 있는 자리에서는 사용하지 않아요.

1. **What are you up to tonight?**
   오늘 밤에 뭐 할 거야?

2. **What are you up to next Friday?**
   다음 주 금요일에 뭐 할 거야?

3. **What are you up to after 4?**
   4시 이후에 뭐 할 거야?

4. **What are you up to this weekend?**
   이번 주말에 뭐 할 거야?

5. **What are you up to after work?**
   일 끝나고 뭐 할 거야?

A: Any plans for the weekend?

이번 주말에 계획 있어?

B: I was going to ask you the same thing. What are you up to?

나도 너에게 같은 질문을 하려고 했어. 너는 뭐 할 거야?

A: Do you want to watch a musical with me?

나랑 같이 뮤지컬 보러 갈래?

TIP

가까운 사람과 편하게 대화를 나눌 때는
전치사를 빼고 말하는 경우가 종종 있어요.
"What are you up to on Friday?" 대신에 on을 빼고
"What are you up to Friday?"라고 묻기도 한다는 거죠.
고등학생들은 친한 친구끼리 인사로
"Hey, what up?"이란 표현도 많이 사용해요.

◀ 연습 문제 ▶

내일 오후에 뭐 할 거야?

64

When's a good time to ~?

언제 ~하는 것이 좋아?

뭔가를 하기에 언제가 좋은지 물어볼 때 많이 쓰는 패턴이에요. 보통 "When's a good time to go camping?"이라고 물어보면 "캠핑 가기에 언제가 좋아요?", "캠핑하기 좋은 시즌이나 계절을 추천해주세요"라는 의미죠. 하지만 다른 사람과 약속을 잡거나 스케줄을 짤 때는 '나와 같이 ~하기에 언제가 좋아?', '내가 너와 이걸 하고 싶은데, 너 언제 시간 돼?'라는 의미가 있어요. 앞서 설명한 문장 "When's a good time to go camping?"도 스케줄을 잡을 때 썼다면 "나랑 언제 캠핑 가는 게 좋아?"라는 의미로 이해하면 돼요. 일정을 짜면서 "자, 같이 가자!" 느낌이 나게 말하고 싶을 때 쓰면 좋은 패턴이에요.

1. **When's a good time to** call you?
   언제 전화드리면 좋을까요?

2. **When's a good time to** visit you?
   언제 방문하면 좋을까요?

3. **When's a good time to** do a family trip?
   언제 가족 여행을 가는 게 좋아?

4. **When's a good time to** get together?
   언제 만나면 좋을까?

5. **When's a good time to** do a playdate with the kids?
   언제 아이들을 같이 놀게 하면 좋을까요?

A: Let's talk about this problem when I get back.

내가 돌아오면 이 문제에 대해서 이야기하자.

B: **When's a good time to** talk?

언제 이야기하는 게 좋으세요?

A: Let's talk as soon as I get back on Sunday.

내가 일요일에 돌아오자마자 이야기하자.

TIP

조금 더 부드럽고 정중하게 의사를 물어보고 싶다면,
'When would be a good time to ~?'이라고 하면 돼요.
여기서 한 단계 더 나아가서
'언제가 ~하기 좋은 시간인지 생각해보고 알려주세요'는
'Please let me know when would be a good time to ~'라고
하면 됩니다.

◀ 연습 문제 ▶

언제 만나서 놀면 좋을까?

_____

_____

_____

정답: When's a good time to hang out?

65

That works for ~

그건 ~에게 좋아 / 그건 ~에게 괜찮아

work라는 단어는 '일하다' 외에도 '일이 된다', '돌아간다', '작동한다', '좋다' 등의 다양한 의미를 가지고 있어요. 스케줄을 잡을 때 work를 사용하면 장소나 시간이 괜찮은지 물어보는 거예요. 누군가가 "남산서울타워에서 5시에 만날래?"라고 물어봤는데, 시간과 장소가 괜찮다면 "That works for me(나는 좋아)."라고 대답할 수 있어요. 여기서 that은 시간(5시)과 장소(남산서울타워)를 모두 받아주는 대명사예요. 만약 장소만 괜찮다면 그것만 한정해서 말할 수도 있어요. "Namsan Seoul Tower works for me(남산서울타워는 괜찮아)." 남산서울타워는 괜찮지만, 시간은 바꿨으면 좋겠다는 뜻이죠.

---

1. **That works for** me.
   나는 좋아.

2. **That works for** us.
   우리는 좋아.

3. **That** place **works for** all of us.
   그 장소는 우리 모두 괜찮아.

4. **That** time **works for** Ashley.
   애슐리가 그 시간에 괜찮대.

5. **Those** days **work for** my wife and me.
   우리 아내와 나는 그 날짜들에 괜찮아.

A: I'll call and make a reservation. Are you free tomorrow at 7?

내가 전화해서 예약할게. 내일 7시에 시간 돼?

B: Is 7:30 okay?

7시 반도 괜찮아?

A: Yep! That works for me.

응! 나는 좋아.

> **TIP**
>
> work를 사용해서 괜찮은지 질문할 수도 있어요.
> "Does that work for you?"라고 하면
> "괜찮으세요?"라는 의미예요. 스케줄을 잡을 때 이 표현을 쓰면
> '이 시간과 장소가 괜찮으세요?'라는 의미가 되죠.
> 회사나 공적인 장소에서도 사용 가능한 격식 있는 표현이에요.

◀ 연습 문제 ▶

우리는 그 주말에 괜찮아.

66

I'm down to ~

나는 ~을 하려고 해 / 나는 ~할 의향이 있어

'I'm down to~'는 캐주얼하고 친밀한 사이에서만 사용 가능한 표현이에요. 패턴 뒤에 무엇을 할지 동사를 넣어서 'I'm down to + 동사' 형태로 사용하면 돼요. 원래 down이라는 단어가 "I'm feeling down today(오늘 기분이 별로야)."처럼 기분이 처지거나 안 좋은 상황을 나타내잖아요. 이 패턴처럼 조금 더 긍정적인 의미로 쓸 경우에는 down 다음에 전치사가 와요. to가 아닌 with를 넣어서 "I'm down with that idea."라고 하면 "나는 그 생각에 찬성한다", "내가 보기에 그 아이디어 괜찮은 것 같아"라는 의미가 됩니다.

---

1. **I'm down to** go tomorrow.
   나는 내일 가려고 해.

2. **I'm down to** just chill at home.
   나는 그냥 집에서 쉬려고 해.

3. **I'm down to** check out that new café.
   나는 그 새로운 카페를 확인해보려고 해.

4. **I'm down to** play golf with you and your friends.
   나는 너와 네 친구들과 함께 골프를 치러 가려고 해.

5. **I'm down to** meet up with you guys after the game.
   나는 경기가 끝나고 나서 너희들을 만나러 가려고 해.

A: What should we do later?

우리 이따가 뭐 할까?

B: Hmm... How about we check out that new mall?

음… 우리 그 새로운 쇼핑몰에 가보는 게 어때?

A: Yeah, sure. I'm down to do some shopping, too!

그래, 좋지. 나도 쇼핑 좀 해야겠다!

TIP

'I'm down to + 동사' 형태의 패턴을 알려드렸지만,
for를 이용해서
'I'm down for + 명사/동사ing' 형태로도
사용할 수 있어요. "I'm down for anything."이라고 하면
"나는 뭐든지 할 의향이 있어"라는 의미예요.

◀ 연습 문제 ▶

나는 이번 주말에 하이킹 가려고.

_____

_____

정답: I'm down to go hiking this weekend.

67

I'd love to ~
나는 정말 ~하고 싶어

대화를 하다가 상대방이 "우리 무엇무엇 할래?"라고 물어봤는데, "오 정말 좋다. 나 너무너무 하고 싶어!"라고 대답하고 싶을 때 있잖아요. 왠지 'I'd like to ~'로는 꼭 하고 싶은 마음을 표현하기에 부족하다고 느껴질 때 'I'd love to ~' 패턴을 사용하면 좋아요.

'I'd love to + 동사' 형태로 쓰거나 "I'd love to."라고 단답형으로 대답해도 돼요. 가끔 love가 '사랑'을 연상시킨다며 이 패턴을 쓰기 부담스러워하는 분들도 있어요. 하지만 네이티브는 매우 좋아하거나 즐기는 일에 부담 없이 love를 넣어서 표현하니, 어려워하지 마세요.

1. **I'd love to go.**
   나는 정말 가고 싶어.

2. **I'd love to visit you one day.**
   언젠가 한번 너를 보러 정말 가고 싶어.

3. **I'd love to check the place out.**
   그곳을 꼭 한번 확인해보고 싶어.

4. **I'd love to go skiing with you.**
   너와 함께 스키 타러 가면 너무 좋지.

5. **I'd love to spend the *long weekend with you guys.**
   너희와 함께 긴 주말 연휴를 보내면 너무 좋지.

---

* long weekend: 월요일이나 금요일까지 연휴인 주말

A: Are you free tomorrow? Do you want to go to an art gallery?

내일 시간 있어? 미술관에 갈래?

B: I'd love to. What time are you going?

너무 좋지. 너는 몇 시에 가?

A: Why don't I pick you up around 10?

내가 10시쯤에 너를 데리러 가면 어때?

◀ 연습 문제 ▶

나는 정말 볼링 치러 가고 싶어.

_____

_____

정답: I'd love to go bowling.

68

I can't wait to ~

나는 빨리 ~하고 싶다

can't wait(기다릴 수 없다), 즉 빨리 하고 싶다는 의미의 패턴이에요. to 다음에는 항상 동사가 나오니 'I can't wait to + 동사' 형태로 사용하면 됩니다. 이 패턴 역시 'I'd love to ~'처럼 상대방의 제안을 받아들이거나 함께 무언가를 하기로 계획했을 때, 너무너무 하고 싶다는 긍정적인 답변으로 사용하면 좋습니다.

비슷한 느낌으로 'I can hardly wait to + 동사' 패턴도 종종 사용해요. 이 패턴도 '기다리기 힘들다', '빨리 했으면 좋겠다'라는 의미예요.

1. I can't wait to leave the city.
   나는 빨리 도시를 떠나고 싶어.

2. I can't wait to go on vacation.
   나는 빨리 휴가를 떠나고 싶어.

3. I can't wait to see you there.
   나는 빨리 그곳에서 너를 만나고 싶어.

4. I can't wait to hang out with you guys.
   나는 빨리 너희들과 함께 놀고 싶어.

5. I can't wait to spend *quality time with my parents.
   나는 빨리 우리 부모님과 좋은 시간을 보내고 싶어.

* quality time: 가족 등 친밀한 사람과 의미 있게 보내는 소중한 시간

A: So, I'll see you next weekend?

그럼, 우리 다음 주말에 만나는 거지?

B: Yes! I can't wait to meet your family.

맞아! 빨리 너희 가족을 만나고 싶다.

A: They're so excited to meet you, too.

우리 가족도 너를 만나길 너무 기대하고 있어.

◀ 연습 문제 ▶

빨리 이번 주 일요일에 쇼핑하러 가고 싶어.

_____

_____

정답: I can't wait to go shopping this Sunday.

69

I feel like ~

~할 기분이야 / ~을 하고 싶어

제 경험상 네이티브는 상대방의 감정이나 느낌을 물어보는 표현을 많이 사용해요. 'What do you feel like doing?', 'What do you feel like eating?'과 같이 뭐 하고 싶은 기분인지, 뭐 먹고 싶은 기분인지, 기분이나 의향을 많이 물어보죠. 약속을 잡거나 계획을 세울 때는 상대방의 의사와 감정을 물어보고 내의견을 전달하는 것이 중요하잖아요. 내 의견을 전달할 때, 먹고 싶은 음식이 있거나 하고 싶은 활동이 있을 때 'I feel like ~' 패턴을 사용해보세요. 네이티브는 이 패턴에 sort of 나 kind of 등을 넣어서 약간 그런 느낌이 드는 것 같다는 식으로 살짝 돌려서 표현하기도 해요. 이 패턴은 'I feel like + 명사/동사ing' 형태로 사용할 수 있어요.

1. **I feel like** noodles.
   국수 먹고 싶어.

2. **I feel like** a good burger.
   맛있는 햄버거를 먹고 싶어.

3. **I feel like** going for a walk.
   산책하러 가고 싶어.

4. **I feel like** staying home tonight.
   오늘 밤은 집에 있고 싶은 기분이야.

5. **I feel like** *going to the movies.
   영화 보러 가고 싶은 기분이야.

* go to the movies: 영화 보러 가다, 영화관에 가다

A: What do you feel like doing?

뭐 하고 싶은 기분이야?

B: I kind of feel like just relaxing at home.

나는 약간 집에서 쉬고 싶은 기분이야.

A: I'm down to stay at home.

나도 집에서 머무를 작정이야.

◀ 연습 문제 ▶

나는 뭔가 새로운 것을 하고 싶은 기분이야.

_____

_____

정답: I feel like doing something new.

70

I'm sorry, but ~

미안하지만 ~ / 죄송하지만 ~

약속이나 계획의 취소를 알리는 것은 어느 언어에서나 어려워요. 꼭 계획을 변경하거나 약속을 취소해야 한다면 부드럽고 온화하게 접근해보세요. 안 좋은 소식을 전하기 전에 사과 먼저 하는 것도 방법이에요. 'I'm sorry, but ~' 패턴을 사용하면 되죠. 친구나 직장동료 또는 고객 등 다양한 상대에게 사용할 수 있어요. 패턴 뒤에 안 좋은 소식을 평서문 또는 의문문 형태로 붙이면 돼요.

격식 있는 자리에서나 정중히 양해를 구해야 할 때는 sorry 대신 apology를 사용해보세요. 'I apologize, but ~' 또는 'My apologies, but ~' 패턴을 사용하면 돼요.

---

1. **I'm sorry, but** I can't make it.
   미안하지만, 나는 갈 수가 없어.

2. **I'm sorry, but** can we take a rain check?
   미안하지만, 우리 다음 기회에 할까?

3. **I'm sorry, but** we won't be able to go.
   미안하지만, 우리는 못 갈 것 같아.

4. **I'm sorry, but** I have to go now.
   미안하지만, 나 지금 가봐야 해.

5. **I'm sorry, but** our plans might get canceled.
   미안하지만, 우리 계획이 취소될 수도 있어.

A: **All right, we'll see you next week then.**
좋아, 우리 그럼 다음 주에 만나자.

B: **I'm sorry, but we might have to reschedule.**
미안하지만, 우리 날짜를 변경해야 할지도 몰라.

A: **Why? What's going on?**
왜? 무슨 일 있어?

◀ 연습 문제 ▶

미안하지만, 일정을 다시 잡을 수 있을까요?

정답: I'm sorry, but can we reschedule?

71

I'm afraid I ~

아쉽지만 나는 ~해

많은 분들이 afraid라는 단어를 들으면 두렵다는 뜻과 겁내는 이미지를 떠올리지만, 이 말은 주저와 망설임을 나타낼 때도 사용해요. 그리고 종종 속상함이나 실망을 정중하게 표현할 때도 사용하죠. 또 상대방의 의견에 동의하지 않는다는 점을 표현하고 싶을 때도 "I'm afraid I can't agree with you(아쉽지만, 저는 당신 말에 동의할 수 없어요)."가 많이 사용돼요. 여기서는 초대를 거절하거나 계획을 취소해야 할 때와 같이 누군가에게 부정적인 소식을 전할 때 어떻게 사용하면 되는지 예문을 통해 알아볼게요.

이 패턴은 'I'm afraid I + 동사' 형태로 사용할 수 있어요.

1. **I'm afraid I** can't go with you.
아쉽지만 나는 너와 함께 갈 수 없어.

2. **I'm afraid I** have other plans.
아쉽지만 저는 다른 계획이 있어요.

3. **I'm afraid I** have something that day.
아쉽지만 나는 그날 다른 일이 있어.

4. **I'm afraid I** won't be able to attend.
아쉽지만 저는 참석할 수 없을 듯해요.

5. **I'm afraid I**'m going to miss your party.
아쉽지만 저는 당신의 파티에 못 갈 것 같아요.

A: Will you be coming to our wedding?

우리 결혼식에 올 거야?

B: I'm afraid I'm flying out next month to Korea.

I really wish I could go.

아쉽지만 나는 다음 달에 한국으로 출국할 거야. 갈 수 있으면 정말 좋을 텐데.

A: We'll definitely visit you in Korea!

우리가 꼭 한국에 너를 만나러 갈게!

> TIP
>
> 'I'm afraid I~' 패턴은
> 공식적인 자리나 비공식 자리에서
> 모두 사용할 수 있지만, 공식적인 자리에서는
> 'I/we regret to inform you that ~
> (저/저희는 ~을 알려드리게 되어 유감입니다).' 패턴을 더 많이 써요.
> 예를 들어 대학 입학이나 취업 등과 관련된 공문이나
> 공식적인 이메일에서 많이 사용돼요.

◀ 연습 문제 ▶

아쉽지만 저는 내일 못 갈 것 같아요.

정답: I'm afraid I can't make it tomorrow.

72

I'm too tired to ~

너무 피곤해서 ~을 못 하겠어

too, so, very와 같은 단어들은 형용사의 의미를 더욱 강조해줘요. 하지만 too(너무)는 거의 항상 무언가 부정적인 느낌을 강조하기 위해 사용돼요. "She's too nice sometimes(그녀는 가끔 너무 친절해)." 이 문장에서처럼 too는 문제가 있거나, 불필요하거나, 과도하다는 것을 표현하기도 해요.

too를 계획과 관련해서 사용해볼게요. 만약 친구들이 활동적인 액티비티를 하자고 제안했지만 그럴 의욕이 전혀 들지 않을 경우 'I'm too tired to + 동사(너무 피곤해서 ~을 못하겠어)' 형태의 패턴을 사용해서 거절하면 됩니다. tired를 다른 형용사 stressed, hungry, upset 등으로 대체할 수도 있어요.

---

1. **I'm too tired to go.**
   너무 피곤해서 못 가겠어.

2. **I'm too tired to do anything.**
   너무 피곤해서 아무것도 할 수 없어.

3. **I'm too tired to get out of bed.**
   너무 피곤해서 침대에서 일어날 수 없어.

4. **I'm too tired to go shopping.**
   너무 피곤해서 쇼핑하러 갈 수 없어.

5. **I'm too tired to go to the gym today.**
   오늘은 너무 피곤해서 체육관에 못 가겠어.

A: Should we go for a quick run?

잠깐 뛰러 갈래?

B: I'm too tired to run.

너무 피곤해서 못 뛰겠어.

A: Okay, then how about we *speed walk?

좋아, 그러면 우리 빠르게 걷는 건 어때?

* speed walk: 빠르게 걷다, 속보

TIP

이 패턴을 사용해서 현재 상태뿐만 아니라
특정 시간대에는 항상 피곤하다는 것을 나타낼 수도 있어요.
"I'm too tired to do anything after work
(나는 퇴근 후에 너무 피곤해서 아무것도 할 수 없어)."라고 하면
퇴근 후에는 항상 피곤한 상태라는 것을 말해주는 거예요.

◀ 연습 문제 ▶

너무 피곤해서 옷도 못 입겠어.

정답: I'm too tired to even get dressed.

73

It's too bad that ~

~가 너무 아쉽다

이 패턴은 '너무 나쁘다'라고 직역하면 안 돼요. 정말 '나쁘다', '상황이 안 좋다' 라는 의미로 말하고 싶을 때는 so bad 또는 very bad를 사용하는 걸 추천해 요. 반면에 too bad는 안 좋은 일이 있을 때 '너무 안됐다', '너무 아쉽다'라는 의미로 쓰는 공감대를 형성하는 표현이에요.

보통 'It's too bad that + 평서문' 형태로 많이 쓰고, 중간에 있는 that은 경우 에 따라서 생략하기도 해요. 계획과 관련해서 쓸 때는 누군가가 이벤트에 참여 하지 못하게 되었거나, 함께 계획한 것들을 하지 못하게 되었을 때 '네가 없어 서 너무 아쉽다'라는 의미로 많이 쓰여요.

---

1. **It's too bad that** you can't come.
   네가 올 수 없다니 너무 아쉽다.

2. **It's too bad that** I can't go with you.
   내가 너와 함께 갈 수 없다니 너무 아쉽다.

3. **It's too bad that** the weather's like this.
   날씨가 이래서 너무 아쉽다.

4. **It's too bad** we'll miss part of the concert.
   콘서트 일부를 놓치게 되어서 너무 아쉽다.

5. **It's too bad** he won't be joining us tomorrow.
   그가 내일 우리와 함께할 수 없어서 너무 아쉬워.

A: I heard you're not coming tomorrow.

네가 내일 못 온다고 들었어.

B: Yeah, I'm afraid I can't make it.

응, 아쉽지만 못 가게 되었어.

A: It's too bad that you can't come. You'll be missed!

네가 못 온다니 너무 아쉽네. 보고 싶을 거야!

TIP

사실 이 패턴은 비꼬거나 빈정대는 의미로 사용할 때도 있어요.
"Too bad he got caught lying(그가 거짓말하다가 들켜서
너무 안됐다)!"라는 문장은 안타깝다는 게 아니라
'차라리 잘됐다', '쌤통이다'라는 의미로 쓰이는 거죠.
그의 불행이 곧 나의 행복 같은 느낌이지요.
말하는 사람의 톤을 잘 들어봐야 해요.

◀ 연습 문제 ▶

그녀가 영화를 못 보게 되어서 너무 아쉽다.

74

It's ~ today

오늘은 (날씨가) ~하네요

'It's ~ today'는 야외 행사나 모임 관련 대화에 자주 등장해요. '~'의 자리에 넣을 수 있는 날씨 관련 형용사를 몇 가지 알아볼게요.

- 온도: hot(뜨거운), warm(따뜻한), cool(시원한), chilly(쌀쌀한), cold(추운), freezing(꽁꽁 얼 정도로 추운)
- 화창한 날: sunny(화창한), clear(맑은), mild(온화한)
- 비 오는 날: stormy(폭풍우가 몰아치는), rainy(비가 오는), humid(습한), foggy(안개가 낀), drizzly(비가 보슬보슬 오는)
- 그 외: windy(바람이 부는), cloudy(구름이 낀), snowy(눈이 오는), muggy(후덥지근한)

---

1. It's really sunny today.
   오늘 정말 화창하네.

2. It's going to pour later today.
   오늘 늦게 비가 쏟아질 거야.

3. It's pretty chilly and windy today.
   오늘 꽤 춥고 바람이 많이 부네.

4. It's fairly mild out today.
   오늘 바깥 날씨가 꽤 온화하네.

5. It's really muggy outside today.
   오늘 밖에 정말 후덥지근하네.

A: **Are you all ready to go?**
갈 준비 다 됐어?

B: **Should I take an umbrella?**
우산 가져가야 해?

A: **Yeah, it's supposed to rain today.**
응, 오늘 비 온다고 했어.

> **TIP**
>
> 몸이 아픈 건 아닌데 컨디션이 별로 좋지 않은 날에는
> 숙어 'under the weather(몸이 좀 안 좋아)'를 사용해보세요.
> 비 오는 날 삭신이 쑤시는 느낌을 표현하는 숙어예요.
>
> I'm feeling under the weather.
> I think I'm about to get a cold.
> 몸이 안 좋아. 감기에 걸릴 것 같아.

◀ 연습 문제 ▶

오늘 꽤 덥고 습하네.

_____

_____

정답: It's quite hot and humid today.

75

There's a chance ~
~할 가능성이 있어

무언가 일어날 확률이 있을 때 사용하는 패턴이에요. maybe, might, most likely와 같이 일어날 가능성이 있다는 뜻을 가지고 있어요. chance 앞에 형용사 good, slim, high 등을 넣어서 일어날 확률이 얼마나 되는지 그 정도도 다양하게 표현할 수 있어요. 예를 들면 high를 넣어서 "There's a high chance we'll make it(우리가 제시간에 도착할 가능성이 높아)."라는 문장을 만들 수도 있고, slim을 넣어서 반대 의미의 "There's a really slim chance we'll make it(우리가 제시간에 도착할 가능성이 아주 낮아)."도 만들 수 있어요. 'There's a chance (that) + 주어 + 동사' 형태로 사용하면 됩니다.

1. **There's a chance** he'll be there.
   그가 거기에 있을 가능성이 있어.

2. **There's a** good **chance** it'll rain tonight.
   오늘 밤 비가 올 가능성이 크대.

3. **There's a** slim **chance** we'll make it on time.
   우리가 제시간에 도착할 가능성은 희박해.

4. **There's a** high **chance** she'll change her mind.
   그녀가 마음을 바꿀 가능성이 커.

5. **There's a** fifty-fifty **chance** that the show will be canceled.
   그 공연이 취소될 확률은 반반이야.

A: Why don't we go to that French restaurant tonight?

오늘 밤에 그 프랑스 식당에 가는 거 어때?

B: There's a high chance it's fully booked.

거기 예약이 꽉 차 있을 가능성이 커.

A: All right, let's just order some pizza.

그래, 그냥 피자나 시키자.

> **TIP**
>
> fat chance라는 표현이 있는데
> 아이러니하게도 slim chance와 같은 의미로
> 가능성이 거의 없는 경우를 말해요. 얼핏 보면
> 하나는 fat이고 하나는 slim이라 반대의 의미일 것 같은데
> 그렇지 않다는 사실을 기억해주세요.
>
> There's a fat chance I'm going.
> = There's a slim chance I'm going.
> 내가 갈 확률은 거의 없어.

◀ 연습 문제 ▶

그녀가 늦을 가능성은 낮아.

76

I'll let you know ~
너에게 ~을 알려줄게

약속 날짜와 시간을 정해야 하는데 아직 그날의 스케줄이 어떻게 될지 잘 모를 때, 또는 무언가 일이 있었던 것 같은데 잘 기억이 나지 않을 때 쓸 수 있는 '내가 확인해보고 알려줄게'라는 의미의 패턴이에요.

그 외에도 다양한 질문에 대한 답변으로 쓸 수 있어요. "Could you let me know where I get off(내가 어디서 내려야 하는지 알려줄래)?"라고 물어보면 "No problem. I'll let you know exactly which station to get off(물론이지. 정확히 어느 역에서 내려야 하는지 알려줄게)."라고 답할 수 있어요.

간단히 "I'll let you know(내가 알려줄게)."라고만 해도 완벽한 문장이에요.

---

1. **I'll let you know** what I decide.
   내가 무슨 결정을 했는지 알려줄게.

2. **I'll let you know** in the morning.
   내가 아침에 알려줄게.

3. **I'll let you know** who's coming.
   내가 누가 오는지 알려줄게.

4. **I'll let you know** as soon as we arrive.
   우리가 도착하자마자 알려줄게.

5. **I'll let you know** when I have time this week.
   내가 이번 주에 시간이 될 때 알려줄게.

A: Are you available next Tuesday morning?

다음 주 화요일 아침에 가능해?

B: I'll let you know once I check my schedule.

내 스케줄 확인해보고 알려줄게.

A: Thanks!

고마워.

TIP

오늘의 패턴과 반대로 상대방에게
"네가 알아보고 나에게 알려줘"라고 말하고 싶다면
'Let me know ~(나에게 알려줘)' 패턴을 사용해보세요.
'let me' 부분을 연음으로 붙여서
"렘미"로 발음하는 게 좀 더 자연스러워요.

Let me know the next time you're here.
다음에 네가 여기에 오면 알려줘.

◀ 연습 문제 ▶

내가 가능한 한 빨리 너에게 알려줄게.

77

as ~ as possible
될 수 있는 대로 ~하게 / 가능한 한 ~하게

이 패턴은 한국인의 빨리빨리 정서를 나타내는 데 유용해요. 'as soon as possible(가능한 한 빨리)' 형태로 가장 많이 쓰이지만, soon 자리에 다른 형용사나 부사 등을 넣을 수도 있어요. 지금까지의 패턴이 주로 문장 앞부분에 쓰였다면, 이 패턴은 주로 문장 뒷부분에 온다는 점에 유의해주세요. 그리고 주로 '가능한 한 이러이러하게 해주세요'라는 의미의 요청으로 쓰인다는 점도 기억해주세요. 유사한 표현으로 'as fast as you can(네가 할 수 있을 만큼 최대한 빨리)'도 있어요. 누군가를 독촉할 때 쓰면 좋은데, 이 패턴 또한 fast 자리에 다른 형용사나 부사 등을 넣어서 사용할 수 있어요.

1. **We should work out** as often as possible.
   우리는 가능한 한 자주 운동을 해야 해.

2. **Can you drive** as quickly as possible?
   가능한 한 빨리 운전해 주시겠어요?

3. **Let's schedule something** as soon as possible.
   가능한 한 빨리 일정을 잡읍시다.

4. **Can you push back our meeting** as late as possible?
   우리 회의 일정을 최대한 연기해줄 수 있나요?

5. **Why don't we book** as many dates as possible?
   가능한 한 많은 날짜를 예약하는 게 어때?

A: This is our itinerary for the week.

이것이 우리 이번 주 여행 일정이야.

B: I like that we only do one thing a day.

하루에 하나만 해서 좋다.

A: I kept it as simple as possible.

내가 최대한 단순하게 했어.

TIP

앞에서 말한 대로 이 패턴은
'as soon as possible(가능한 한 빨리)' 형태로
가장 많이 쓰이는데요, 많이 쓰다 보니
간단하게 앞 글자만 따서 ASAP라고 해요.
발음할 때는 "에이-에스-에이-피" 또는
"에이-쌥"이라고 하면 됩니다.

◀ 연습 문제 ▶

너는 가능한 한 빨리 나에게 전화해야 해.

정답: You should call me as soon as possible.

78

I'm planning to ~

나는 ~할 계획이야

미래에 어떤 일을 할 계획이라면 'I'm planning to ~' 패턴을 사용해보세요. 'I'm going to ~(나는 ~을 할 거야)'와 매우 유사한 표현이지만 미세한 차이가 있어요. 'I'm going to ~'가 좀 즉흥적으로 말하는 계획이라면 'I'm planning to ~'는 신중히 고민하고 어떻게 실천할지 계획을 세운 것이에요. 'I'm planning to + 동사' 형태로 사용할 수 있습니다. 이제 to 다음에는 거의 항상 동사가 나온다는 사실 아시죠? 패턴 자체가 현재진행형이기 때문에 아직 계획을 세우는 중이라는 뉘앙스가 있어요. 좀 더 명확히 계획이 세워졌다면 'I plan to ~' 패턴을 사용하는 게 좋아요.

---

1. **I'm planning to** go first.
   내가 제일 먼저 갈 계획이야.

2. **I'm planning to** drop him off last.
   나는 그를 마지막에 내려줄 계획이야.

3. **I'm planning to** take the train.
   나는 기차를 탈 계획이야.

4. **I'm planning to** wait for you there.
   나는 거기서 너를 기다릴 계획이야.

5. **I'm planning to** take the day off tomorrow.
   나는 내일 휴가를 쓸 계획이야.

A: How should I get there?

거기 어떻게 가?

B: I'm planning to just cab it.

나는 택시를 탈 계획이야.

A: Can I ride with you?

너랑 함께 타고 가도 될까?

◀ 연습 문제 ▶

나는 오늘 재택근무를 할 계획이야.

정답: I'm planning to work from home today.

79

It depends on ~

~에 달렸어

계획에는 날짜, 시간, 장소, 날씨, 참여하는 사람 등등 여러 가지 요소가 포함되잖아요. 참여하는 사람에 따라 장소가 달라질 수도 있고, 날씨에 따라서 만나는 시간이 바뀔 수도 있고요. 이렇게 '~에 따라서' 또는 '~에 달렸어'라는 표현을 하고 싶을 때 이 패턴을 사용하면 좋아요. depend에는 '의존하다', '의지하다'라는 의미 외에도 '~에 달려 있다', '~에 좌우되다'라는 의미가 있거든요. 이 패턴에서는 두 번째 의미로 사용되는 거죠. depend는 전치사 on과 찰떡궁합인데요, 이번 패턴 depends on 외에도 depending on으로 사용되기도 해요.

1. **It depends on the weather.**
   그것은 날씨에 달렸어.

2. **It depends on the traffic.**
   그것은 교통상황에 달렸어.

3. **It depends on when you're going.**
   그것은 네가 언제 가는지에 달렸어.

4. **It depends on who's going to be there.**
   그것은 누가 거기 있느냐에 달렸어.

5. **It depends on whether or not it'll be outdoors.**
   그것은 야외냐 실내냐에 달렸어.

A: Are you coming out tomorrow night?

내일 밤에 나오는 거야?

B: It depends on when my husband gets off work.

우리 남편 퇴근 시간에 달렸어.

A: I really hope you can come out with us.

정말 네가 우리와 함께 나갈 수 있기를 바라.

TIP

depend on 외에도

depend upon, dependent on 등의 표현이 있는데요,

의미는 다 비슷비슷하지만 어느 정도 공손하고

격식 있는 표현인지에 미묘한 차이가 있어요.

늘 그렇듯이 표현이 길고 복잡해질수록

더 격식 있는 표현이라고 생각하면 됩니다.

비격식 〈 격식

depend on 〈 depend upon 〈 dependent on 〈 dependent upon

◀ 연습 문제 ▶

그건 네가 얼마나 배가 고프냐에 달렸어.

80

Don't forget to ~

~하는 것 잊지 마

계획을 세울 때 잊지 말고 챙겨야 할 것들이 여러 가지 있죠. 누군가에게 ~을 잊지 말라고 상기시킬 때 'Don't forget to + 동사' 패턴을 사용하면 좋아요. forget은 '잊어버리다'라는 뜻이니 don't forget은 잊지 말라는 의미인 거죠. 잊지 말라는 건 사실 기억하라는 의미니, 자주 쓰이는 'Remember to + 동사 (~하는 걸 기억해)'도 이 패턴과 같은 의미라고 볼 수 있어요. 하지만 둘 다 명령조의 문장이니 부담 없이 조언할 수 있는 가까운 친구나 지인들에게만 사용하길 권합니다.

1. **Don't forget to** check if they're open.
   그들이 문을 열었는지 확인하는 걸 잊지 마.

2. **Don't forget to** make an appointment.
   예약 잡는 걸 잊지 마.

3. **Don't forget to** let everyone know.
   모두에게 알리는 걸 잊지 마.

4. **Don't forget to** ask for patio seating.
   패티오(테라스) 쪽 자리로 요청하는 걸 잊지 마.

5. **Don't forget to** message everyone the date and time.
   모두에게 날짜와 시간을 알리는 걸 잊지 마.

A: We're canceling tomorrow's dinner, right?

우리 내일 저녁 취소하는 거지, 맞아?

B: Yeah, don't forget to call the restaurant.

응, 식당에 전화하는 거 잊지 마.

A: Got it.

알았어.

TIP

'Don't forget to ~'가 가까운 지인에게만
쓸 수 있는 격식 없는 표현이라고 설명했는데요,
좀 더 격식 있고 예의 바른 표현을 찾는다면
'Let me remind you to ~' 또는
'I'd like to remind you to ~'라는 표현이 있습니다.
'제가 다시 한번 ~을 상기시켜 드릴게요'라는 뜻이에요.

◀ 연습 문제 ▶

나에게 이메일 전달하는 걸 잊지 마.

_____

_____

_____

정답: Don't forget to forward me the email.

한국인과 외국인이 떠올리는 이미지가 다른 표현

다음의 표현들은 네이티브가 계획을 수정하거나 변경할 때 많이 사용하지만, 한국인들이 직관적으로 떠올리는 이미지와는 달라 혼란스러울 수 있어요. 계획의 취소 및 변경과 관련한 표현들 중 많이 헷갈리는 것을 뽑아 쉽게 이해할 수 있도록 설명해두었으니 기억해주세요.

표현	의미	설명
call off vs. **put off**	취소하다, 중지하다 vs. 연기하다 (보통 특정 날짜나 시간을 언급하지 않음)	똑같이 off가 들어가는데도 의미가 전혀 달라요. 한국 사람들에게 off는 '끈다'는 이미지가 강해서 call off처럼 아예 '취소한다'는 의미만 생각하기 쉬운데, put off는 '연기하다'라는 의미랍니다. • He **called off** the marketing meeting(그가 마케팅 회의를 취소했어). • We have decided to **put off** the wedding (우리는 결혼식을 연기하기로 결정했어).
move up vs. **push back**	날짜/시간을 앞당기다 vs. (회의 등의 시간, 날짜를 뒤로) 미루다	일정을 미룰 때는 back을 쓸 것 같은데, 앞당길 땐 무엇을 쓸까요? forward? 의외로 여기엔 up이 쓰인답니다. 방향 감각이 좀 다르죠? push back은 우리가 생각하는 이미지 대로 뒤로 밀려난다는 의미예요. 그렇다면 위로 올라간다는 의미의 move up은 어떻게 이해해야 할까요? 스케줄러를 생각해보세요. 스케줄러에서는 위로 올라가는 게 앞당겨지는 것이니, move up은 그렇게 이해하면 됩니다. • Can you **move up** the dinner reservation (그 저녁 예약을 앞당길 수 있어)? • Can you **push back** the dinner reservation (그 저녁 예약을 뒤로 미룰 수 있어)?

5

칭찬과
감사

81

Thank you for ~

~ 고마워 / ~해줘서 고마워

타인에게 직접적으로 감사를 표현하는 가장 기본적인 패턴이에요. 간접적으로 감사를 전하거나 공을 돌리고 싶을 때는 'thanks to ~(누구누구 덕분에)' 패턴을 사용해주세요(패턴 85 참고).

이 패턴은 크게 두 가지 방법으로 사용할 수 있어요. 첫 번째로 'Thank you for + 명사(~고마워)'의 경우에는 '사물'에 중점을 두고 있고, 두 번째 'Thank you for + 동사ing(~해줘서 고마워)'는 상대방의 '행동'에 중점을 두고 있습니다. Thank you 뒤에 so much 또는 very much를 더해서 감사한 마음을 강조할 수 있어요.

---

1. **Thank you for the coffee.**
   커피 고마워.

2. **Thank you for everything.**
   모든 것에 감사해요.

3. **Thank you for dropping me off.**
   나를 데려다주셔서 고마워.

4. **Thank you so much for treating us to dinner.**
   저희에게 저녁을 대접해주셔서 정말 감사드려요.

5. **Thank you very much for taking the time to meet with us.**
   시간 내서 저희를 만나주셔서 대단히 감사드려요.

A: Thank you for the delicious meal.

맛있는 식사 정말 감사해요.

B: My pleasure! I'm so glad you enjoyed it.

천만에요! 맛있게 드셨다니 다행이에요.

A: It was so good. You're seriously such a good cook.

너무 맛있었어요. 요리를 정말 잘하시네요.

◀ 연습 문제 ▶

제 고민들을 들어주셔서 감사해요.

정답: Thank you for listening to my problems.

82

I appreciate ~

~에 감사해요

thank는 일반적으로 선물, 서비스 또는 칭찬에 대한 응답으로 할 수 있는 아주 기본적인 감사의 표현이에요. appreciate은 상대방의 노력과 수고의 가치를 인정하고 인식하는 것을 의미합니다. 그래서 그런지 주로 비즈니스나 좀 더 격식 있는 자리에서 자주 등장하는 패턴이에요. thank와 appreciate은 서로 바꿔서 사용할 수 있지만, thank는 크고 작은 일에 감사한 마음을 표현할 때 언제든지 쓸 수 있고, 감동을 받았다거나 상대방에게 깊은 감사를 표하고 싶을 때는 appreciate을 사용하는 것이 좋습니다. 이 패턴은 'I appreciate + 명사' 또는 'I appreciate (that) + 주어 + 동사' 형태로 사용하면 됩니다.

1. I appreciate your help.
   도와주셔서 감사해요.

2. I appreciate your advice.
   조언해주셔서 감사해요.

3. I appreciate your timely response.
   시기적절하게 답변해주셔서 감사해요.

4. I appreciate that you reached out to me.
   제게 연락해주셔서 감사해요.

5. I appreciate your hard work and dedication.
   당신의 노고와 헌신에 감사드려요.

A: Call me if you need anything.

필요한 게 있으면 제게 전화하세요.

B: I appreciate everything you've done for me.

저를 위해 수고 많이 해주셔서 감사해요.

A: I'm glad to be of help.

제가 도움이 되어 기뻐요.

TIP

'I appreciate ~'과 'I would appreciate ~'에는 큰 차이가 있어요. 'I would appreciate ~'은 '이러이러하게 해주시면 고맙겠어요'라는 요청의 의미니 헷갈리지 마세요.

I would appreciate your help.

도와주시면 감사하겠어요.

◀ 연습 문제 ▶

당신의 모든 지원에 감사드려요.

_____

_____

정답: I appreciate all your support.

83

I'm grateful for ~

~에 감사해

grateful은 마음 깊은 곳에서 우러나오는 감사를 표현할 때 사용합니다. thankful과 아주 유사한 의미고 서로 바꿔서 사용하기도 하지만, 뉘앙스에 미세한 차이가 있어요. 가령 도움을 받았을 때나 캐주얼하게 고마움을 표현하고 싶을 때는 "I am thankful for your help(나를 도와줘서 고마워)."라고 하지만, 은혜를 입었거나 큰 신세를 졌을 때는 "I'm grateful for your help(나에게 도움을 준 너에게 감사해)."라고 좀 더 진심 어린 감사의 마음을 표현할 수 있습니다.

이 패턴은 'I'm grateful for + 명사/동사ing' 형태로 사용하면 됩니다.

1. **I'm grateful for** you.
   나는 너에게 감사해.

2. **I'm grateful for** my parents.
   나는 우리 부모님에게 감사해.

3. **I'm grateful for** our amazing team.
   나는 우리의 놀라운 팀에 감사해.

4. **I'm grateful for** spending time with my family.
   나는 내 가족과 시간을 함께 보내서 감사해.

5. **I'm grateful for** your support and understanding.
   당신의 지지와 이해에 감사드려요.

A: I hope you feel better about everything.

모든 게 좀 나아졌기를 바라.

B: Thanks for today's talk. I'm grateful for our friendship.

오늘 대화 나눠줘서 고마워. 우리의 우정에 감사해.

A: Me, too.

나도.

TIP

사자성어 중에 '전화위복轉禍爲福'이란 말이 있지요.
처음에 나쁜 일인 줄 알고 걱정했는데,
알고 보니 오히려 복이 되었다는 뜻인데요,
영어에도 이런 상황을 표현한 숙어
'a blessing in disguise'가 있어요.
"It turned out to be a blessing in disguise."이라고 하면
"알고 보니 전화위복이 되었다"라는 뜻이에요.

◀ 연습 문제 ▶

나는 그의 친절함에 감사해.

정답: I'm grateful for his kindness.

84

I can't thank you enough for ~

~에 대해 정말 고마울 따름이야 / ~에 대해 정말 너무 고마워

can't thank you enough는 '고마움을 충분히 표시할 수 없다', 즉 '고마워하고 고마워해도 부족하다'는 의미입니다. 누군가가 당신의 이익을 위해 기대 이상의 어마어마한 일을 했거나 많은 것을 희생했을 때, 또 쉽게 줄 수 없는 큰 도움을 주었을 때 "Thank you so much(정말 고마워)!"나 "Thank you very much(너무 고마워)!"라고 할 수도 있지만, 이걸로는 부족하다고 느껴지잖아요. 그럴 때 이 패턴을 사용해보세요.

이 패턴은 'I can't thank you enough for + 명사/동사ing' 형태로 쓰고, for 다음에 구체적으로 어떤 부분이 감사한지 이야기할 수 있어요.

---

1. **I can't thank you enough for** everything.
   모든 것에 대해 정말 너무 고마워.

2. **I can't thank you enough for** all that you've done for us.
   우리를 위해 해주신 모든 것에 대해 감사할 따름입니다.

3. **I can't thank you enough for** helping me move today.
   오늘 이사하는 걸 도와줘서 정말 너무 고마워.

4. **I can't thank you enough for** your recommendation letter.
   당신의 추천서에 감사할 따름입니다.

5. **I can't thank you enough for** letting us stay at your place.
   우리를 너희 집에 머물게 해줘서 정말 너무 고마워.

A: We made it!

우리 도착했네!

B: I can't thank you enough for helping me get here on time!

제시간에 여기에 오도록 도와줘서 정말 고마워!

A: No problem.

천만에.

◀ 연습 문제 ▶

제 인생의 전환점이 된 책을 주셔서 정말 너무 감사해요.

정답: I can't thank you enough for the life-changing book you gave me.

85

thanks to ~

~ 덕분에 / ~ 때문에

감사를 표현하거나 누군가에게 공을 돌릴 때 많이 사용하는 패턴이에요. 'because of ~(~때문에)' 또는 'due to ~(~로 인해서)'와 유사한 의미로 많이 쓰입니다. thanks(감사하다)로 시작하지만 긍정적이거나 부정적인 상황에 모두 쓰여요. 비꼬는 의미로 thanks to you라고 하면 '너 때문에 이렇게 되었다'고 책임이나 탓을 돌리는 거예요(예문 5번 참조). 잘되었건, 잘못되었건 원인을 제공했다는 의미로 이해하면 돼요.

'Thanks to + 명사' 형태로 사용할 수 있습니다.

---

1. **Thanks to** Maddie, I made it on time.
   매디 덕분에 제시간에 도착했어.

2. I got there easily **thanks to** your clear directions.
   당신의 명확한 길 안내 덕분에 그곳에 쉽게 갔어요.

3. **Thanks to** your coupon code, I got 20 percent off.
   당신이 준 쿠폰 코드 덕분에 20퍼센트 할인을 받았어요.

4. **Thanks to** his email, we were able to attend the conference.
   그의 이메일 덕분에 우리는 회의에 참석할 수 있었어.

5. **Thanks to** my noisy neighbors, I didn't sleep well.
   시끄러운 이웃 덕분에 잠을 잘 자지 못했어.

A: How'd you get here so fast?

여기 어떻게 이렇게 빨리 왔어?

B: Thanks to Arielle, I didn't have to take the subway.

애리엘 덕분에 지하철을 타지 않아도 됐어.

A: She gave you a ride. Nice.

그녀가 태워다줬구나. 잘됐다.

◀ 연습 문제 ▶

내 새로운 식단 덕분에 3킬로그램이나 빠졌어.

정답: Thanks to my new diet, I lost 3 kilograms.

86

It means so much ~

~이 큰 의미가 있어

누군가에게 감사를 표현하는 또 다른 방법은 그들의 도움이 당신에게 얼마나 큰 의미가 있는지 말하는 것이에요. 가령 "나에게 큰 의미가 있어"라고 말하고 싶다면 이 패턴을 사용해서 'It means so much to me'라고 하면 돼요. 종종 to 자리에 for를 잘못 사용하는 경우가 있는데, '나를 위한(for me)' 게 아니라 '나에게(to me)'라는 뜻이라 꼭 to를 사용해야 해요. 헷갈린다면 그냥 "It means so much."라고만 해도 됩니다. 이렇게만 말해도 말하는 사람에게 의미가 있다는 뜻을 담고 있으니까요.

'It means so much (that) + 주어 + 동사' 형태로도 사용할 수 있어요.

---

1. **It means so much** that you came.
   네가 와준 건 큰 의미가 있어.

2. **It means so much** that you care.
   네가 신경 써준 건 큰 의미가 있어.

3. **It means so much** to our family.
   우리 가족에게 큰 의미가 있어.

4. **It means so much** to me that you stood up for me.
   네가 나를 옹호해준 것은 큰 의미가 있어.

5. **It means so much** that you'll be officiating our wedding.
   저희 결혼식 주례를 봐주시는 건 큰 의미가 있어요.

A: Your speech was brilliant!

연설이 정말 훌륭했어!

B: It means so much to me that you think that.

네가 그렇게 생각해주다니 내게 큰 의미가 있네.

A: You really are a great speaker!

넌 정말 훌륭한 연설가야!

TIP

선물을 받았거나, 도움을 받았을 때도
"It means so much."로 감사를 표현할 수 있겠죠.
좀 더 큰 감사함을 표현하고 싶다고요?
그럴 땐 "It means the world to me ~(나에게 이 세상만큼이나
중요해. 너무너무 고마워)."라고 하면 됩니다.

◀ 연습 문제 ▶

네가 여기 있다는 것은 우리에게 큰 의미가 있어.

_____

_____

정답: It means so much to us that you're here.

87

It's so ~ of you to ~
~해주다니 정말 ~하네

누군가에게 감사 인사를 할 때 정확히 어떤 부분이 고마운지 콕 집어서 말하는 경우가 있잖아요. 그냥 "고마워"라고 하는 것보다 "와줘서 고마워", "알려줘서 고마워", "도와줘서 고마워"라고 하면 그 사람이 노력했다는 것을 알아주는 느낌이 드니까요.

그럴 때 이 패턴 'It's so + 형용사 + of you to + 동사'를 쓰면 아주 좋아요. 형용사 자리에는 nice, kind와 같은 긍정적인 칭찬을 넣어주면 됩니다. 동사 자리에는 help, come과 같이 그 사람이 한 일을 넣어주세요. so 대신에 very, incredibly와 같은 다른 강조어를 사용할 수도 있어요. 이 문장은 칭찬과 감사를 동시에 한다는 특징이 있어요.

1. It's so **nice** of you to **join us.**
   네가 우리와 함께해줘서 정말 좋아.

2. It's so **kind** of you to **help us.**
   우리를 도와주다니 정말 친절하시군요.

3. It's so **sweet** of you to **say that.**
   그렇게 말해주다니 정말 친절하네.

4. It's so **considerate** of you to **give me honest feedback.**
   내게 솔직한 피드백을 해주다니 너는 정말 사려 깊구나.

5. It's very **thoughtful** of you to **share your lunch with me.**
   제게 점심을 나눠주다니 정말 사려 깊으시네요.

A: I don't know if I can come to work tomorrow.

내일 출근할 수 있을지 모르겠어.

B: Why don't I take your shift?

내가 너 대신 근무하면 어때?

A: It's so kind of you to fill in for me.

나를 대신해주겠다니 정말 친절하구나.

TIP

많은 사람이 kind와 friendly를 혼동하곤 합니다.
kind(친절한)한 사람은 관대하고 다른 사람의 감정을
사려 깊게 잘 헤아리며, 도움이 되는 사람이에요.
반면에 friendly(친근한)한 사람은
유쾌하고 사회성이 좋은 사람을 말합니다.

◀ 연습 문제 ▶

전화를 다시 주다니 정말 친절하시군요.

정답: It's so kind of you to return my phone.

88

Congrats on ~

~을 축하해

칭찬의 또 다른 방법은 축하입니다. 상대방의 성취나 긍정적인 결과, 행복한 일들을 축하해주는 것이에요. 축하한다는 뜻의 단어 congratulations를 줄인 단어가 congrats인데요, congrats 뒤에 오는 접속사로 on과 for를 다 써도 된다는 주장이 있긴 하지만 사전적으로 congratulations on이 정확한 표현입니다. 두 가지 다 쓸 수 있다고 해도 가장 정확한 하나만 기억하는 게 더 편하니, congratulations on으로 기억하기로 해요.

이 패턴은 'Congrats on + 명사/동사ing' 형태로 쓸 수 있고요, '누구누구를 축하해'라고 표현하고 싶을 때는 'Congrats to + 누구' 패턴으로 사용하면 돼요.

1. Congrats on **your baby!**
   출산을 축하해!

2. Congrats on **your new job!**
   새로운 직장에 들어간 걸 축하해요!

3. Congrats on **a job well done!**
   일이 잘 마무리된 거 축하해요!

4. Congrats to your family on **your new house!**
   새집을 갖게 된 당신의 가족을 축하해요!

5. Congrats on **getting the highest score!**
   최고점 받은 것을 축하해요!

A: I ran a 5K marathon over the weekend.

나는 주말에 5킬로미터 마라톤을 뛰었어.

B: Wow, congrats on finishing a half marathon!

와, 하프 마라톤 완주를 축하해!

A: Yeah, I'm pretty proud of myself.

그래, 나도 스스로가 꽤 자랑스러워.

> **TIP**
>
> Congratulation을 축하의 의미로 사용하려면
> 항상 s를 붙여주어야 해요.
> s를 붙이지 않고 "Congratulation!"이라고만 하면
> 네이티브에게는 굉장히 어색하게 들려요.
> "Congratulations!"라고 하거나 줄임말로 쓸 때도
> s를 꼭 붙여서 "Congrats!"라고 하면 됩니다.

◀ 연습 문제 ▶

임금 인상된 거 축하해!

_____

_____

89

I owe you ~

신세를 ~ 졌네

owe는 '돈을 빚지고 있다'와 '신세를 지고 있다', 이렇게 크게 두 가지 의미가 있어요. 돈을 빚진 경우에는 "I owe you $50(내가 너에게 50달러를 빚졌어)." 와 같이 특정 금액이 등장해요. 그렇지 않은 경우에는 일반적으로 신세를 졌다는 의미로 이해하면 됩니다. 그래서 'I owe you ~'는 '크고 작은 일로 내가 너에게 신세를 졌네. 고마워'라는 의미로 이해하면 돼요. 신세를 졌고 빚이 있으니, 나중에 갚겠다는 의미도 내포하고 있어요. 경우에 따라서는 "Thanks a bunch. I owe you(정말 고마워. 내가 너에게 신세를 졌네)."와 같이 고맙다는 표현과 함께 사용되기도 하고 "I owe you one(내가 너에게 신세 한 번 졌어)." 와 같이 간단하게 사용되기도 해요.

1. **I owe you** a favor.
   너에게 신세를 졌네. → 다음에는 내가 너를 도와줄게.

2. **I owe you** lunch.
   너에게 점심을 빚졌네. → 다음에 내가 점심 살게.

3. **I owe you** big time.
   내가 너에게 신세를 많이 졌어.

4. **I owe you** an apology.
   너에게 사과를 빚졌어. → 너에게 사과할 일이 있어.

5. **I owe you** my life.
   제 목숨을 빚졌어요.

A: Thanks for filling in for me, Sophia. I owe you one!

나 대신해줘서 고마워, 소피아. 내가 신세 졌어.

B: Nah, no worries!

아니야, 신경 쓰지 마!

A: Thanks again!

다시 한번 고마워!

◀ 연습 문제 ▶

당신에게 신세를 졌어요.

정답: I owe you a favor.

90

I just want to ~

난 그저 ~ 하고 싶어

정말 쓰임새가 다양한 패턴이에요. 본인의 의사를 강하지 않게 나타내기에도 좋고, 칭찬이나 감사를 표할 때도 과하지 않게 툭 던지듯이 할 수 있어요. 우회적인 방식으로 말을 전달하기 때문에 칭찬이나 감사 인사를 듣는 사람도 크게 부담스럽지 않아요. 가벼운 톤으로 상대방을 기분 좋게 하는 표현을 넣을 수 있어서 작업용 멘트로 쓰기에도 좋아요.

'I just want to + 동사' 형태로 사용할 수 있는데, 칭찬으로 사용할 때는 'I just want to tell you~' 나 'I just want to say that ~'이라고 많이 사용해요.

1. I just want to **say thank you.**
   저는 그저 고맙다고 말하고 싶어요.

2. I just want to **tell you how wonderful you are.**
   난 그저 네가 얼마나 멋진지 말해주고 싶어.

3. I just want to **say that you're doing great.**
   난 그저 네가 잘하고 있다고 말해주고 싶어.

4. I just want to **give you a big hug.**
   난 그냥 널 꼭 안아주고 싶어.

5. I just want to **let you know how much I care.**
   내가 얼마나 신경 쓰는지 알려주고 싶을 뿐이야.

A: Hey, did you get home safely?

이봐, 집에 안전하게 잘 들어갔어?

B: I did. I just want to say thank you for everything today.

응, 잘 들어왔어. 오늘 너에게 그저 모두 고맙다고 말하고 싶어.

A: No worries. It was so good seeing you!

괜찮아. 만나서 너무 좋았어!

◀ 연습 문제 ▶

저는 그저 당신이 얼마나 멋진 엄마인지 말해주고 싶어요.

정답: I just want to say that you're an amazing mom.

91

You're always ~

넌 항상 ~하잖아

'You're always ~(넌 항상 ~하잖아)' 패턴은 다른 일상 대화에서도 자주 쓰이는 표현이지만, 다른 사람의 장점을 지속적으로 발견했을 때 칭찬으로 해도 좋아요. 'You're always + 형용사' 형태로 형용사 자리에 칭찬이나 장점을 넣어주면 됩니다.

의미를 더 강조하고 싶다면 'You're always so~'라고 해도 좋아요. 만약에 상대방의 장점이 행동이라면 동사를 사용해서 'You're always + 동사ing' 형태로 사용할 수도 있어요.

누군가와 친밀한 사이가 되고 싶을 때 진심 어린 칭찬을 하면 큰 효과가 있잖아요. 이 패턴을 써서 친밀해지고 싶은 누군가에게 칭찬을 건네보세요.

1. **You're always** so organized.
   넌 항상 정리가 너무 잘 되어 있어.

2. **You're always** kind to everyone.
   넌 항상 모두에게 친절해.

3. **You're always** working so hard.
   넌 항상 정말 열심히 일해.

4. **You're always** *put together.
   넌 항상 외모가 단정하고 깔끔해.

5. **You're always** so patient with your kids.
   넌 항상 아이들을 침착하게 대해.

* put together: 단정하게 차려입은

A: I got these donuts for you.

너 주려고 이 도넛 샀어.

B: Wow, you're always so thoughtful. Thank you!

와, 넌 항상 사려 깊구나. 고마워!

A: I'm just a big foodie and I love to share.

난 그저 대식가일 뿐이고 나눠 먹는 걸 좋아해.

TIP

그동안 칭찬하는 법만 알아봤으니,
'가볍게' 싫은 소리 하는 법도 알아볼게요.
never를 사용해서 '~한 적이 없다'라고 말하는 거예요.
'You are never + 형용사' 형태로 쓰는데,
"You are never home early
(당신은 집에 일찍 들어오는 적이 없어)."처럼
안 좋은 말을 하는 데 쓸 수 있어요.

◀ 연습 문제 ▶

넌 항상 우리의 모든 것을 도와주고 있어.

92

I like how you ~

네가 ~하는 방식이 좋아

일을 잘하거나 복잡한 문제, 관계, 상황을 잘 해결하는 사람을 칭찬할 때 쓰면 좋은 표현이에요. 특히 부모가 아이의 올바른 행동이나 성향을 칭찬해줄 때 이 패턴을 사용하면 좋아요. 저도 아이들에게 이 표현을 자주 사용하는데요, 눈에 띄게 칭찬하는 건 아니면서도 아이가 계속 올바른 행동을 하거나 좋은 태도를 갖도록 북돋아 주는 기능을 해요. 성인에게는 칭찬의 느낌보다는 호감을 표현하거나 이런 방식으로 일 처리하는 게 좋다는 격려의 메시지를 전달할 수 있는 패턴입니다.

이 패턴은 'I like how you + 동사' 형태로 사용하면 돼요.

---

1. **I like how you greet everyone.**
   나는 네가 모두에게 인사하는 방식이 좋아.

2. **I like how you ask so nicely.**
   나는 네가 그렇게 친절하게 물어보는 게 좋아.

3. **I like how you clean up after yourself.**
   나는 네가 이렇게 뒷정리를 하는 게 좋아.

4. **I like how you are so independent.**
   나는 네가 독립심이 강해서 좋아.

5. **I like how you stand up for your sister.**
   나는 네가 여동생을 지켜주는 모습이 좋아.

A: I took my mom shopping over the weekend.

주말에 어머니와 함께 쇼핑을 갔어.

B: That's so sweet! I like how you're so good to your parents.

자상하기도 하지! 네가 부모님께 잘하는 모습이 좋아.

A: I try. I could be better though. They've done so much for me.

노력하는 거지. 더 잘해드려야 하는데. 나를 위해 정말 많이 애쓰셨거든.

TIP

이 패턴을 좀 더 강하게 표현하고 싶다면
'I love how you ~(네가 ~하는 방식이 정말 너무 좋아)'라고
해보세요. 저도 종종
"I love how you are so tidy, angel(우리 천사는 깔끔해서 정말
너무 좋다)."이라고 하면서 아이들이 방 청소를 하도록
적극적으로 권장해요. love는 좋아한다는 표현일 뿐이니
사용하는 데 너무 부담 갖지 마세요.

◀ 연습 문제 ▶

나는 네가 높은 목표를 가지고 있는 있는 게 좋아.

93

You have a good sense of ~

넌 ~ 감각이 좋구나

상대방이 특정 분야에 좋은 감각을 지니고 있다는 것을 칭찬하고 싶을 때 사용하는 패턴이에요. 보통은 타고난 감각이나 재능에 많이 사용되고, 열심히 노력하거나 훈련을 통해서 얻어지는 기술에는 사용되지 않아요. 한국어에서도 옷 잘 입는 사람에게 "패션 센스가 있네"라고 하잖아요. 같은 맥락이에요. 이 패턴은 'You have a good sense of + 명사' 형태로 사용하면 됩니다. 여기서 sense 발음에 유의하세요. "센스가 있네"라고 할 때처럼 두 음절로 하면 안 되고 한 음절로 발음해야 해요. 네이티브 음성 파일을 잘 듣고 따라 해보세요.

1. **You have a good sense of style.**
   너는 스타일 감각이 좋구나.

2. **You have a good sense of smell.**
   너는 후각이 좋구나.

3. **You have a good sense of humor.**
   너는 유머 감각이 좋구나.

4. **You have a good sense of music.**
   너는 음악 감각이 좋구나.

5. **You have a good sense of direction.**
   너는 방향 감각이 좋구나.

A: I love all the colors you used in your place!

너희 집에 사용한 모든 색깔이 정말 마음에 든다!

B: Thanks.

고마워.

A: You really have a good sense of design!

너는 디자인 감각이 정말 좋구나!

◀ 연습 문제 ▶

너는 패션 감각이 좋구나.

정답: You have a good sense of fashion.

94

You're a good ~

너는 좋은/훌륭한 ~이야

너무너무 쉽고 간단하면서도 관계를 급진전시켜주는 패턴이지만, 한국 사람들은 이렇게 대놓고 하는 칭찬에는 익숙하지 않은 경우가 많죠. 하지만 영어권 국가에서는 자주 사용하는 표현이니 그쪽 사람들과 대화할 때는 부담 없이 사용해도 괜찮아요. 이 패턴은 상대방이 가지고 있는 뛰어난 능력이나 역할을 언급할 때 사용할 수 있어요. 능력을 칭찬하는 예를 들자면, 요리사(cook)가 아닌데 요리를 잘하는 사람에게 "You're a good cook(너는 요리를 잘해)."이라고 하는 거죠.

'You're a good + 명사' 형태로 사용해주세요.

1. **You're a good friend.**
   너는 좋은 친구야.

2. **You're a good dad.**
   당신은 좋은 아빠예요.

3. **You're a good talker.**
   너는 훌륭한 이야기꾼이야.

4. **You're a good golfer.**
   너는 골프를 잘 쳐.

5. **You're a good team player.**
   너는 좋은 팀 플레이어야.

A: That was amazing!

정말 놀라웠어!

B: Thanks. I just played the song by ear.

고마워. 나는 그저 즉흥적으로 연주했을 뿐이야.

A: Wow, you're a good violinist.

와, 너는 훌륭한 바이올리니스트야.

TIP

"You're a good mom(당신은 좋은 엄마예요)."
이런 칭찬을 들으면 좀 부담스럽죠?
아마 많은 분들이 "아이고, 아니에요"라고 대답할 것 같아요.
하지만 영어로 이런 칭찬을 들으면
"Thanks, that means a lot to me
(고마워요. 제게 큰 의미예요)."라고
자연스럽게 받아주면 됩니다.

◀ 연습 문제 ▶

너는 좋은 가이드야.

정답: You're a good guide.

95

What a ~!

~이네!

중학교 문법 시간에 배운 감탄문 만드는 법 기억나세요? 크게 what과 how 를 써서 만드는 방법이 있죠. 'What + a + (형용사) 명사' 그리고 'How + 형용사/부사'인데요, 그 뒤에 주어 + 동사를 붙이면 돼요. 문법은 깊게 들어가지 않을게요.

여기서는 'What a ~' 패턴의 감탄문 형식을 활용한 칭찬을 알아보려고 해요. "What a beautiful baby(어머나, 아기가 너무 예쁘다)!" 또는 "Wow, what a show(와, 그 쇼 완전 대박)!"와 같이 얼핏 보면 감탄문이지만 실제로는 칭찬인 문장들이 있잖아요. 짧고 간결하게 칭찬하는 법이에요.

---

1. **What a performance!**
   정말 멋진 공연이야!

2. **What a good uncle you are!**
   정말 좋은 삼촌이시네요!

3. **What a nice friend you are!**
   넌 정말 좋은 친구야!

4. **What a sweet dog you have!**
   정말 귀여운 개를 키우는구나!

5. **What a beautiful home you have!**
   너희 집 정말 아름답다!

A: Oh, what a cute baby!

오우, 아기 너무 귀엽다!

B: Thank you.

고마워.

A: How many months is she?

아기 몇 개월이야?

TIP

interjections(감탄사)를 잘 알아두면 감정표현을 좀 더 쉽게 하고, 대화하는 사람과 깊이 있는 공감대를 형성할 수 있어요.
Wow(놀라울 때 "와"), Oh(놀라움, 기쁨, 공포 등의 "오"),
Aw(불평할 때 "에잇", "저런" / 감동적일 때 "오우"),
Ugh(불쾌할 때 "웩"),
Yikes(갑자기 놀라거나 겁을 먹었을 때 "앗", "이크") 등을
사용해보세요.

◀ 연습 문제 ▶

정말 훌륭한 가이드군.

정답: What a good guide.

96

How ~ of you to ~!

~해주다니 정말 ~하구나!

감탄문으로 위장한 또 하나의 칭찬으로 how를 사용한 패턴이 있습니다. 앞서 말한 대로 how로 시작하는 감탄문은 'How + 형용사/부사' 형태를 하고 있어요. 이 패턴은 "How beautiful(너무 아름답다)!"처럼 간단히 사용할 수 있어요. 구체적으로 상대방의 어떤 부분이 감탄스러운지, 왜 그러한지 등을 함께 언급하고 싶다면 'How + 형용사/부사 + of you to + 동사(~해주다니 정말 ~하구나)' 패턴을 사용하면 됩니다. 예를 들어 누군가가 "How is your mother(어머니는 어떠세요)?"라고 가족의 안부를 물어본다면, "How kind of you to ask(그렇게 물어봐 주다니 친절하시네요)!"라고 답할 수 있어요.

---

1. **How** nice **of you to** share!
   공유해주다니 정말 친절하구나!

2. **How** kind **of you to** help me!
   나를 도와주다니 정말 친절하구나!

3. **How** sweet **of you to** come with me!
   나와 함께 가주다니 정말 다정하구나!

4. **How** thoughtful **of you to** bring this with you!
   이것을 (네가) 가져오다니 정말 사려 깊구나!

5. **How** caring **of you to** call and check up on me!
   전화해서 저를 살펴봐 주다니 정말 배려심이 많으시네요!

A: I sent you guys a care package.

내가 너희에게 생필품 꾸러미를 보냈어.

B: How sweet of you to do that!

그렇게 해주다니 정말 친절하네!

A: I can't wait until you guys get it.

너희들이 빨리 받았으면 좋겠다.

◀ 연습 문제 ▶

그것에 관하여 그녀와 얘기하다니 정말 친절하구나!

정답: How nice of you to talk to her about it!

97

You look ~

너 ~해 보인다

'You look ~' 패턴은 상대방의 외모를 칭찬할 때 유용해요. "You are handsome(잘생기셨네요)!"과 같은 표현은 오해의 소지가 있기 때문에 외모에 관해서는 같은 칭찬이라도 되도록 너무 직설적으로 하지 않는 게 좋아요. '멋져 보이시네요', '관리를 잘하시네요', '평소보다 좋아 보이시네요' 정도의 칭찬을 하고 싶었던 건데, 대놓고 handsome이라고 했다가 '내게 관심이 있나?' 하고 상대방이 오해하면 곤란하잖아요.

이 패턴은 "You look beautiful(너 아름다워 보여)!"과 같이 'You look + 형용사' 형태로 쓰거나, "You look like a celebrity(너 연예인 닮아 보이네)."처럼 'You look + like'의 형태로 쓸 수 있어요.

---

1. **You look** fabulous!
   너 멋져 보인다!

2. **You look** so pretty today!
   너 오늘 너무 예뻐 보인다!

3. **You look** gorgeous as always!
   너는 늘 그랬듯이 멋져 보이네!

4. **You look** like a million bucks!
   너 정말 멋져 보인다!

5. **You look** like Anne Hathaway.
   너 앤 해서웨이 닮은 것 같아.

A: Did you get a haircut?

머리 잘랐어?

B: Yeah. I cut it pretty short, huh?

응. 너무 짧게 잘랐어?

A: No. You look great!

아냐. 멋져 보여!

◀ 연습 문제 ▶

너 모델 같아.

98

You seem like ~

너는 ~ 같아 / 너는 ~처럼 보여

제가 한국에 와서 많이 들은 말 중 하나가 "인상이 좋아 보이세요"인데요, 영어로 하면 "You seem like a nice person(너는 좋은 사람 같아 보여)." 정도가 될 것 같아요. 영어권에서도 처음 만나는 사람과 친해질 때 '당신은 이런 사람처럼 보여요'라는 표현을 자주 쓰는데요, 상대방을 잘 모를 때 덮어놓고 칭찬하기에 좋은 패턴이에요. 또 기분 좋게 이야기를 이어가기에도 좋아요. "You seem like you never get upset(당신은 절대 화를 내지 않을 것 같아요)."이라고 살짝 떠보면 상대방이 "사실은 말이죠" 하며 본인 이야기를 이어갈 테니까요. 'You seem like + a 명사 + person/guy/girl/man/woman 등' 형태로 사용할 수 있어요.

---

1. **You seem like** a decent guy.
   너는 괜찮은 사람인 것 같아.

2. **You seem like** such a genuine person.
   너는 정말 진실한 사람인 것 같아.

3. **You seem like** a good person to talk to.
   당신은 대화하기에 좋은 사람인 것 같아 보여요.

4. **You seem like** a really organized person.
   너는 정말 체계적인 사람인 것 같아.

5. **You seem like** a calm and reasonable person.
   당신은 차분하고 합리적인 사람인 것 같아 보여요.

A: **You seem like** such an easygoing person.

너는 느긋한 성격인 것 같아.

B: Yeah, a lot of people say I'm pretty laid-back.

응, 많은 사람이 내게 태평하다고 해.

A: Are you like this at work, too?

직장에서도 그래?

◀ 연습 문제 ▶

당신은 좋은 아빠인 것 같아요.

99

You have ~
너는 ~을 가졌어

이번에는 상대방이 가진 것에 대해서 칭찬해볼게요. 내 집이나 가족 또는 친구들에 대해서 좋게 말해주면 기분 좋잖아요. 칭찬의 대상은 물건이 될 수도 있고, 사람이 될 수도 있어요.

이 패턴은 'You have + 형용사 + 명사' 형태로 사용할 수 있는데요, 형용사 앞에 such나 really등을 넣어 강조해줘도 좋아요. 예를 들면 "You have such a sweet daughter(따님이 너무 사랑스러워요)."라고 하는 거죠. 한가지 주의사항은 대화 상대와 관련된 사람을 칭찬할 때는 이름을 넣으면 안 되고, husband, aunt, son 등 관계를 명시하는 단어를 사용해야 한다는 거예요.

1. **You have** such a smart daughter.
   당신은 정말 똑똑한 딸을 두셨네요.

2. **You have** really kind kids.
   당신의 아이들은 정말 친절해요.

3. **You have** a beautiful place.
   당신의 집은 아름다워요.

4. **You have** such loyal friends.
   당신은 정말 충실한 친구들이 있군요.

5. **You have** a caring family.
   당신에게는 배려하는 가족이 있네요.

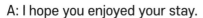

A: I hope you enjoyed your stay.

즐겁게 지내셨기를 바라요.

B: You have such wonderful staff.

훌륭한 직원들을 두셨더군요.

A: Thank you. That means a lot to us.

고마워요. 그 말씀은 우리에게 큰 의미가 있어요.

TIP

이 패턴을 이용해서 상대방의 외모를 칭찬할 수도 있어요.
우리나라 사람들은 영어로 외모를 칭찬할 때
"Your eyes are so pretty(너는 눈이 너무 예쁘다)." 또는
"Your skin is good(너는 피부가 좋네)."라고 많이들 하잖아요.
그런데 사실 영어권 네이티브는 문장을 조금 달리해서
"You have such pretty eyes(너는 정말 예쁜 눈을 가졌네)." 또는
"You have such good skin(너는 정말 좋은 피부를 가졌네)."이라고
할 때가 더 많아요.

◀ 연습 문제 ▶

당신에게는 지원을 잘해주는 남편이 있네요.

정답: You have a supportive husband.

100

~ suits you
~가 너에게 잘 어울려

사실 영어권 국가에서는 타고난 재능이나 특징을 칭찬하는 경우는 드물어요. 가령 키가 크네, 얼굴이 작네, 피부가 좋네 등등 노력하지 않고 얻은 부분에 대해서는 크게 언급하지 않아요. 여러분들이 신경 써서 노력하는 부분들을 칭찬하죠. 상대의 옷 스타일, 액세서리, 또는 화장법 등이 그런 부분이에요. 이런 칭찬에는 이 패턴 '명사 + suits you(~가 너에게 잘 어울려)'를 사용하면 좋아요. 어울리는 아이템이 복수인 경우에는 '명사 복수형 + suit you'로 써야 한다는 점에 유의하세요.

---

1. **That outfit** suits you.
   그 옷이 너에게 잘 어울려.

2. **That hairstyle** suits you.
   그 헤어스타일이 너에게 잘 어울려.

3. **Those glasses** suit you.
   그 안경이 너에게 잘 어울려.

4. **That jacket really** suits you.
   그 외투는 너에게 정말 잘 어울려.

5. **This bag really** suits you.
   이 가방은 너에게 정말 잘 어울려.

A: I like your outfit today!

오늘 네 옷 마음에 들어!

B: Thanks! I'm trying to wear more color these days.

고마워! 난 요즘 조금 더 컬러풀하게 입으려고 노력 중이야.

A: I love it. Red really suits you.

너무 좋은데. 빨간색이 너에게 정말 잘 어울려.

TIP

오늘의 패턴을 조금 더 가볍게 표현하고 싶다면
'~ looks good on you' 패턴을 사용해보세요.
"Green looks good on you(초록색이 너에게 잘 어울려)."라고
하면 됩니다.
특정 아이템이 전반적으로 다 잘 어울린다면 복수로 써도 돼요.

Hats look good on you.
너는 모자가 잘 어울려.

◀ 연습 문제 ▶

밝은 색상들이 너에게 정말 잘 어울려.

정답: Bright colors really suit you.

해도 되는 칭찬, 하면 안 되는 칭찬

칭찬에도 문화적 차이가 있어요. 앞에서도 잠깐 언급했듯이 영어권 국가에서 외모를 칭찬할 때는 각자 개성에 맞게 멋져 보이려고 노력한 부분에 중점을 둬요. 헤어스타일이나 패션처럼요.

타고난 외모에 대해서 칭찬하는 경우는 드물어요. 가령 "네 스카프 정말 예쁘다"라는 칭찬은 해도 "너무 잘 생기셨네요", "너무 예쁘세요"라고 하지는 않아요. 특히, 얼굴이 작다는 걸 매력적으로 생각하지 않으니 얼굴이 작다는 칭찬은 하지 말아 주세요.

그리고 서양에서는 초면인 사람들끼리도 칭찬을 주고받는 걸 어색해하지 않아요. 그냥 정말 자기 취향에 맞아서, 그 감정을 표현하고 싶어서 칭찬하는 경우도 있고, 어색함을 깨고 스몰토크를 하고 싶어서 칭찬으로 말문을 열기도 해요. 낯선 사람들은 나를 잘 모르기 때문에, 보통 내가 입고 있는 옷이나 액세서리 등을 칭찬하기도 하고, 곁에 있는 반려동물이나 아이들에 관해서 좋은 말을 해주기도 하죠.

칭찬을 받았을 때의 반응도 아주 달라요. 제가 처음 한국에 와서 칭찬을 듣고 밝은 표정으로 "감사합니다!"라고 하면 가끔 의아하게 보는 분들도 계셨어요. 나중에서야 한국인은 대부분 "아니에요"라고 겸손하게 대답한다는 걸 알았어요. 사실 외국인의 입장에서 보면 이것은 칭찬을 거절한 것과 마찬가지예요. 너무 다르죠. 서양권 문화에서 칭찬을 받으면 "Thank you."하고 넙죽 받아주시는 게 좋아요.

Index

영어가 술술 나오는
만능패턴 100

초판 1쇄 발행 2023년 1월 6일
초판 3쇄 발행 2024년 2월 28일

지은이 세리나 황
펴낸이 안병현 김상훈
본부장 이승은 **총괄** 박동옥 **편집장** 임세미
편집 한지은 **마케팅** 신대섭 배태욱 김수연 **제작** 조화연

펴낸곳 주식회사 교보문고
등록 제406-2008-000090호(2008년 12월 5일)
주소 경기도 파주시 문발로 249
전화 대표전화 1544-1900 **주문** 02)3156-3665 **팩스** 0502)987-5725

ISBN 979-11-5909-829-1 (03740)
책값은 표지에 있습니다.